RECHERCHES

SUR

L'HISTOIRE DES MIGRATIONS

DANS LE BASSIN DE L'OGÔOUÉ

ET LA RÉGION LITTORALE ADJACENTE

PAR

M. R. AVELOT

LIEUTENANT AU 31ᵉ RÉGIMENT D'INFANTERIE

(Extrait du Bulletin de géographie historique et descriptive, nᵒ 3. 1905.)

PARIS

IMPRIMERIE NATIONALE

MDCCCCVI

RECHERCHES

SUR

L'HISTOIRE DES MIGRATIONS

DANS LE BASSIN DE L'OGÔOUÉ

ET LA RÉGION LITTORALE ADJACENTE

RECHERCHES

SUR

L'HISTOIRE DES MIGRATIONS

DANS LE BASSIN DE L'OGÔOUÉ

ET LA RÉGION LITTORALE ADJACENTE

PAR

M. R. AVELOT

LIEUTENANT AU 31ᵉ RÉGIMENT D'INFANTERIE

(Extrait du *Bulletin de géographie historique et descriptive*, n° 3. — 1905.)

PARIS

IMPRIMERIE NATIONALE

MDCCCCVI

RECHERCHES

SUR

L'HISTOIRE DES MIGRATIONS

DANS LE BASSIN DE L'OGÔOUÉ

ET LA RÉGION LITTORALE ADJACENTE.

I. Ancienne extension de la famille fiotte.

Les premiers documents sur le sujet qui nous occupe remontent à quatre siècles à peine; les côtes de la Guinée méridionale étaient inconnues de l'antiquité classique et des géographes arabes; les navigateurs dieppois n'ont pas dépassé la Côte d'Or, et il n'y a pas lieu de le regretter puisque rien n'est resté de leurs croisières commerciales; enfin, si les découvreurs portugais reconnurent, de 1463 à 1481, les baies de Bénin et de Biafra jusqu'au cap Sainte-Catherine, ils ne nous ont laissé aucune relation détaillée de leurs voyages.

Dans son expédition, de 1484 à 1486, Diogo Cam dépasse le cap Sainte-Catherine et découvre le Zaïre, mais il ne rapporte que des notions vagues sur le royaume du Congo. Un ambassadeur du roi de Bénin, qu'il ramena à la cour de Portugal, nous fournit cependant un curieux renseignement; il raconta qu'à vingt lunes à l'Est du Bénin, distance évidemment exagérée, habitait un roi puissant nommé *Ogané*, qui jouissait d'une grande influence sur tous les chefs avoisinants; le roi de Bénin, lui-même, recevait de ce potentat son investiture sous la forme de trois objets en cuivre étincelant : un bâton, un bonnet en forme de casque et une sorte de croix de Malte devant se porter au cou. Quel est ce puissant souverain, que les Portugais ne manquèrent pas d'identifier avec le fameux Prêtre Jean? Il n'y a pas lieu de faire d'hypothèses sur des données aussi peu certaines; remarquons simplement la parenté du

nom d'Ogané avec le fiotte *Oganga néné*, grand prêtre, et le
mpongwé *Oga*, chef [1].

Avec Duarte Lopez (1578), les données deviennent plus précises,
sinon plus exactes; ce négociant portugais nous apprend que le
royaume du Congo bordait la côte depuis le fleuve Koanza jusqu'à
la pointe Rouge (entre Cabinda et l'embouchure du Zaïre), et que
dans l'intérieur, il était limité par le Koango, mais qu'antérieurement il s'était étendu bien au delà, englobant notamment le Loango,
l'Angola et quelques territoires sur la rive droite du Koango; le
royaume de Loango, lui-même, était compris entre le golfe de Lopez
Gonzalvo inclus et la rivière du Zaïre, et s'étendait dans l'intérieur
l'espace de 200 milles [2].

Dapper, qui reproduit les données précédentes, ajoute d'après
les traditions recueillies auprès des plus vieux d'entre les nègres.
que les Lovanga, Lovangoi, ou Loango portaient jadis le nom de
Bramas [3]; ce nom, qui n'est autre que l'ethnique *Rama*, précédé du
préfixe *ba*, marque du pluriel, avec l'*a* élidé, fut, ainsi qu'il appert
de toutes les cartes publiées de Pigafetta à d'Anville, conservé par
une peuplade de l'arrière-pays de Sette-Cama, et il se retrouve
chez les Barama ou Varama qui, établis il y a un siècle sur le
Ngounié, habitent aujourd'hui un peu plus à l'Ouest [4]. Les Brama,

[1] Barth fait d'*ogane* l'ancien titre du roi de Mossi, et le capitaine Gaden
(*Géographie*, t. X, 15 juillet 1904, p. 43) rapproche ce nom de celui d'*ogou*
que portaient les chefs habé du Tombokho. Les langues mossi et congolaises présentent d'ailleurs beaucoup d'analogie, les grammaires étant cependant complètement différentes (Voir l'appendice).

[2] *Le Congo. La véritable description du royaume africain, etc...*, *telle qu'elle
a été tirée récemment des Explorations d'Edouard Lopez, par Philippe Pigafetta,
qui l'a mise en langue italienne.* Traduite en français sur l'édition latine faite par
les frères de Bry en 1598, par Léon Cahun. Bruxelles, 1883.

[3] *Description de l'Afrique, contenant les noms, etc.* Traduite du flamand
d'O. Dapper, d. m. Amsterdam, 1686.

[4] D'après le R. P. Murard, le nom *Ba-varama* signifie «ceux qui se sont im-
plantés»; les vieillards actuels ont appris de leurs aïeux qu'autrefois, expulsés de
la Ngounié par les Ba-kalaï, ils sont venus s'installer dans ce pays et en chasser les
Ba-loumbou qui se replièrent sur la côte (*Ann. apostol.*, nov. 1901, p. 199); or
l'arrivée des Ba-kalaï sur le Ngounié peut être placée, comme nous le verrons
plus loin, vers 1843. Le nom des Brama est à rapprocher de celui des Brames ou
Mancagnes, que vient de nous révéler M. Leprince (*Anthropologie*, t. XVI, janv.-
févr. 1905), mais leur langue paraît différer essentiellement des dialectes fiottes;
à comparer cependant le dieu Buty des Mancagnes et le Mbouiti fiotte.

dit Dapper, vivaient autrefois en tribus sauvages et cannibales, divisées par la guerre et vivant exclusivement de la chasse; le royaume fut organisé par Mani-lovango (chef du Lovango) qui, après plusieurs années de guerre, soumit Mani-wansi, Mani-cylongo, Mani-piri et Mani-majumba, c'est-à-dire les chefs de Wansi, Chiloango, Piri et Mayoumba.

D'après une autre tradition recueillie par l'infortuné de Behagle[1], les Fiottes seraient venus du Sud-Est en faisant halte dans la région de San-Salvador. Le grand *Foumou-Congo* (roi du Congo), qui résidait en cette ville, avait deux fils : *Ca-Congo* (le petit Congo) et *Ma-Loango* (chef du Loango), qui entreprirent d'assujettir les provinces au nord du Zaïre. Ca-congo fonda le premier son royaume, dont la province centrale prit son nom; elle était entourée de sept autres provinces : Cansa, Moussorongo, Bondi, Nketchi, Chindindi, Mbacca, Ngoïo. Il aida ensuite son frère à la conquête de son royaume, qui fut également composé d'une province centrale, laquelle portait le nom de Loango, entourée au Sud par les provinces Nkotchi, Chiloango, Chicambo; à l'est par celles de Mboucou et Ndingui; au nord par celles de Chilounga et Chilango. La centralisation de ces royaumes était extrêmement forte.

Il y a bien quelques contradictions dans ces vagues souvenirs de temps déjà éloignés; deux faits semblent cependant acquis: d'abord, l'existence primitive dans ces régions d'une race sauvage et cannibale, les Ba-rama ou Ba-varama; en second lieu la conquête du pays par une race mieux organisée venue du Sud; les Ba-rama du Sud furent constitués en royaumes et transformés en nations agricoles et pastorales, alors que leurs frères du Nord, restés chasseurs, continuaient à vivre par familles et clans.

En fait, la bande de terrain qui, sur la côte, va du cap Sainte-Catherine à la rivière Koanza et s'enfonce dans l'intérieur sur une profondeur variant de 200 à 600 kilomètres, est encore habitée aujourd'hui par des Ba-loumbou, Ba-yaka, Ba-vili, Ba-kouni, Loango, Mayombé[2], Kabinda, Ba-bouendé, Ba-soundi, Mousso-

[1] *Comptes rendus de la Soc. de géogr.*, 1898, p. 82-85.

[2] Ces deux derniers noms sont des appellations européennes adoptées aujourd'hui par les indigènes. Nous avons vu l'origine du mot *Loango; Ma-yombé* signifie le royaume de Yombé; les Européens, comme cela arrive souvent, ont pris un nom de pays pour un ethnique. *Kabinda* signifie «les petits Binda». Autant que possible, j'adopterai dans cette étude la forme plurielle des noms propres, telle que

rongo, Binda, Mouchikongo, Ba-kongo, Ma-yakka, etc., toutes
tribus formant aujourd'hui une famille ethnique homogène par la
langue et les caractères anthropologiques; on a donné à cette famille
le nom de fiotte, du mot *fiotte*, noir (plur. *ba-fiotte*); elle présente
le type le mieux caractérisé du rameau bantou (du mot *ba-ntou*,
plur. de *montou*, homme, *homo*).

Les Fiottes ont même étendu leurs conquêtes jusqu'à l'Ogôoué;
une colonne ivili a descendu le Ngounyé où elle a laissé un îlot-
témoin près des chutes Samba et est venue s'établir à l'Ouest du lac
Anengué, à peu près à l'époque où les Galoa arrivaient sur ce lac [1],
mais elle adopta bientôt la langue mpóngwé [2]; la parenté de ces
Ba-vili avec les Ba-vili du Sud n'est cependant pas douteuse [3];
ils ont le même nom, les mêmes caractères anthropologiques; ils
ont gardé le souvenir de leur séjour sur le Ngounyé; et ils tran-
chent nettement sur leurs voisins par la supériorité de leur élevage
et de leurs procédés agricoles; ils sont notamment les seuls à pro-
téger par des clôtures leur belles plantations contre les bêtes féroces.

II. LE ROYAUME D'ANZICO.

En dehors des renseignements donnés sur les Fiottes, il n'y a
pas grand'chose à glaner dans les relations du xvi° siècle [4]; la
mention dans l'intérieur d'un puissant royaume d'*Anzico*, *Anzichi* ou
Anzicana, gouverné par le grand *Makoko*, n'a aucune valeur pour
l'ethnographie; Anzichi, ou mieux *Nzêké*, c'est l'« intérieur » dans
les dialectes fiottes, et Makoko, c'est simplement le « roi du fleuve ».

la donnent les indigènes, c'est-à-dire le radical précédé d'un préfixe que j'isole par
un trait.

[1] FLEURIOT DE LANGLE, Note (*Bull. Soc. de géogr.*) citée par DE COMPIÈGNE,
Okanda, Bangouens, Osyéba, p. 4-6. E. HAUG, Le Bas-Ogôoué (*Ann. de géogr.*,
12° année 1903, p. 159-171).

[2] DE COMPIÈGNE, *op. cit.*, p. 7.

[3] Elle est affirmée notamment par Serval, Fleuriot de Langle, de Compiègne,
et le Rév. M. Haug. Les Iveïa des chutes Samba sont également des Fiottes; ils
parlent loango (DU CHAILLU, *Afrique sauvage*, p. 350).

[4] Marmol, dans son troisième volume, paru en 1599, ne donne que des renseignements peu nombreux, vagues et inutilisables; il se borne à dire qu'entre le
royaume de Bénii (Bénin), le royaume de Bémonotapa et celui du Congo s'étend
le bassin du Zaïre habité par les Panguelingo, les Cuyla, les Condongo, les Sonno
et les Bancare.

Du fait que plusieurs chefs ba-téké portaient encore le titre de Makoko au moment des explorations de Brazza, on peut cependant
déduire, mais avec quelque hésitation, que dès cette époque il y
avait un royaume atéké sur le haut Congo.

Une hypothèse beaucoup plus aventureuse identifie les Anzicani
avec les Andjiani, peuplade jadis puissante qu'on rencontre encore
autour de Franceville, mais entamée de toutes parts et émiettée par
les Ba-kota et les Ba-kalai Ba-ngomo [1]; les Mi-ndoumbo, les Ba-
roumbo, les Ba-kanigué, les Mi-ndassa se donnent fièrement à eux-
mêmes le nom générique d'Andjiani, quoique ce titre soit usurpé,
au moins pour les Mi-ndassa, qui sont une tribu des Ba-kota eux-
mêmes. Il n'y a probablement ici qu'une similitude de noms comme
on en rencontre tant en Afrique.

III. Les Négrilles, premiers habitants du Congo.

Les renseignements portugais sont complétés par l'intéressante
relation d'un marin anglais, Andrew Battel, qui, vers la même époque,
eut une vie d'aventures des plus bizarres dans l'Angola et le Loango [2];
ce Battel fit notamment une expédition dans le royaume du Mani-
Kesec, à huit jours à l'Est de Mayoumba [3], et c'est là qu'il eut connaissance des Négrilles congolais, dont il est le premier à faire
mention : «Ce sont, dit-il, des nains de la hauteur d'un garçon de
douze ans, qui se nomment Matimba et pérégrinent au Nord-Est
de Mani-keseck; nomades, ils vivent de la chasse et payent au roi
un tribut de dents et de queues d'éléphants.»

Ces Pygmées, dont on a si longtemps nié l'existence et dont la
«redécouverte» fut une des surprises de la fin du xixe siècle, se
retrouvent encore aujourd'hui sur tout le territoire de notre colonie,
comme d'ailleurs dans toute l'Afrique équatoriale dont ils furent
les premiers habitants. Les Kombé les appellent *Li-koya*, *Ba-Kuya*
ou *Ba-kweya*; les Benga, *Ba-kôa*; les Mpongwé, *A-kôa*; les Okandé,

[1] Savononan de Brazza, Voyages dans l'Ouest africain (*Tour du Monde*, t. LIV,
2e sem. 1887 et LVI, 2e sem. 1888).

[2] Dans Purchas, *Pilgrimage*, t. II, liv. VII, et Walckenaer, *Histoire générale
des Voyages*, t. XIII.

[3] Cette indication placerait le royaume de Kesec au sommet de la boucle que
décrit le Kouilou vers le Nord, dans les environs de Makabana; c'est là que se
trouve actuellement la frontière ethnique qui sépare les Fiottes des Ba-téké.

O-koa ou *O-aka;* les Fan, *Be-ku* et *Be-kwi;* les Mékouk, *Bo-kuyo* et *Be-gyel;* les Ba-kalai, *Ba-koula;* les Shaké, *Bé-nyo;* enfin les Ba-yaka, *Marimba,* c'est-à-dire à peu près le même nom que celui donné par Battel. Les noms ci-dessus viennent presque tous de l'ethnique réel qui procède du radical *Ko* ou *Ku,* mais ces Négrilles sont aussi connus en beaucoup d'endroits sous le sobriquet de *Ba-bongo,* les «Têtes».

Leur antiquité, déjà démontrée par des considérations ethno-graphiques et anthropologiques[1], est ici confirmée par les tradi-tions. Les noirs disent que la couleur rouge est celle des ancêtres et témoignent aux Négrilles une certaine crainte superstitieuse; ils les considèrent et eux-mêmes se donnent comme les propriétaires légitimes de la forêt; ces Pygmées portent bonheur, mais il ne faut pas prononcer leur nom: ils connaissent les étoiles et les choses cachées. Les indigènes de la Likouala les regardent comme les in-venteurs du feu, ceux du Fernand-Vaz voient en eux les inventeurs de la métallurgie.

Un indigène instruit de Batah, ministre presbytérien et direc-teur de mission, interrogé par Mgr Le Roy sur ce qu'il savait des nains du pays kombé, lui répondit par les détails suivants traduits littéralement de la langue indigène :

«Les Ba-kweya sont des hommes pas longs et même courts... Ils savent la danse, la vertu des plantes et beaucoup d'autres choses. Les Blancs possèdent la science de la mer; nous n'avons point d'autre nation qui les dépasse en cela. Il en est ainsi des Ba-kweya pour la science de la terre : aucune nation ne peut les dépasser en cela. *Ce sont eux qui étaient au commencement* et ils ont gardé la science des choses cachées. *Ils sont à la racine du monde*»[2].

[1] Consulter sur la question des Pygmées africains, entre autres nombreux ou-vrages de valeur : Dr Hamy, *Essai de coordination des matériaux récemment recueillis sur l'ethnologie des Négrilles ou Pygmées de l'Afrique équatoriale;* A. de Quatre-fages, *Les Pygmées,* 1887; Mgr Le Roy, Négrilles d'Afrique et Negritos de l'Asie (*Miss. cathol.,* t. XXIX, 1897).

[2] Mgr Le Roy, *op. cit.,* chap. v. Dans leurs traditions sur la création, les Pahouins font venir successivement sur la terre : les Négrilles et les chimpanzés, les Blancs, les Mpongwé, les gorilles et d'autres négrilles, les Galoa, les Ba-kalai, les Pahouins, les Ba-shéké (V. Largeau, *Encyclopédie pahouine,* p. 247-253).

IV. Populations du Gabon au XVIIe siècle.

Ce n'est qu'au xviie siècle que les données ethnographiques sur les populations du littoral commencent à avoir une valeur réelle et nous en sommes redevables à Dapper[1], qui contrôla les récits des voyageurs portugais au moyen des renseignements fournis par ses compatriotes.

Les tribus de la côte au Nord du Gabon sont encore peu connues; la seule partie de cette côte qui soit fréquentée par les Européens est le rio Danger (Mouni), où les Hollandais abordent de temps à autre; cependant, on sait que «les nègres qui habitent ces rivières sont grands, gros et robustes; chaque peuple a son roi, et ils sont presque toujours en guerre les uns contre les autres». L'île de Corisco, qui servira plus tard de dernier refuge aux Benga, et qui, en 1600, avait 30 ou 40 habitants[2], est alors déserte.

De Mouni à l'Ogôoué s'échelonnent trois royaumes, celui de Majombo, celui de Pongo et celui du cap de Lopez-Gonzalvez; Dapper ne nous renseigne que sur le plus puissant, celui de Pongo, qui occupe les deux rives du Gabon. Nous serions assez portés à voir dans ce nom la première mention de la famille mpongwé, si nous ne savions que *Pongo* ou *Mpongo* est le nom indigène de l'estuaire dont le nom actuel est d'origine portugaise[3], en sorte que *mpongwé* et *gabonais* seraient simplement synonymes. De plus, le nom de leur roi, Mani-Pongo, est essentiellement fiotte. Enfin, les Mpongwé et les Oroungou, que le Rév. M. Haug croit originaires du Haut-Ngounyé[4], ne seraient arrivés sur la côte qu'à une époque peu éloignée, s'il faut en croire l'amiral Fleuriot de Langle[5], vers le xviie siècle selon M. Hang[6]. Ils ont descendu le Rhembo Nkomi et la rivière de Cap Lopez où se sont établis les Oroungou, puis, les

---

[1] *Op. cit.*

[2] Arthus, *Coll. de Bry*, vol. II, part. vi.

[3] Fleuriot de Langle, Description du Gabon (dans la *Description nautique des côtes de l'Afrique occidentale entre le Sénégal et l'Équateur*), Paris, 1845. D'après Degrandpré, Pongo est le Grand-Être, le Fétiche par exemple. Bowdich rapporte que *Em-Poongwa* est le nom indigène de la contrée du Gabon. Les Mpongwé actuels se nomment eux-mêmes *A-jogo*, les «Sages» (Wilson).

[4] *Op. cit.*, p. 168.

[5] Croisières à la côte d'Afrique (*Tour du Monde*, 1er sem. 1876, p. 262).

[6] *Loc. cit.*

Mpongwé ont continué vers le Gabon, les uns par le Yambi, les autres par le Rhamboé, d'autres encore par la rivière Mafouga [1].

Les envahisseurs ont trouvé le terrain occupé par des tribus nomades et chasseresses qui se donnent à elles-mêmes le nom de *Shéké* (plur. *Ba-shéké*) ou *Séki*, et que les Mpongwé appellent *A-shekiani*, les Kombé, *Itemou*, et les Européens *Boulou*, du nom dit-on, d'un de leurs anciens chefs [2]. Le langage de ces Ba-shéké est apparenté de très près à celui des Ba-kalai et par conséquent à celui des Benga [3], mais on ne peut en tirer d'indications sur leur origine: les Ba-shéké errants sont dans le même cas que les Négrilles, qui ont perdu leur idiome propre pour adopter celui des voisins dont ils dépendent.

Est-ce aux Mpongwé, est-ce aux Ba-Shéké que se rapporte la description faite par Dapper des riverains du Gabon? Nous n'essayerons pas de répondre à cette question, et nous nous bornerons à citer :

Ces indigènes «sont gens cruels, sauvages, sanguinaires, qui se font un plaisir de voler et de tromper les étrangers, mais les femmes ne leur sont pas si rudes. Ils n'observent aucune distinction dans les mariages, la mère épouse son fils et le père prend sa fille à femme.

«Les maisons sont faites de roseaux entrelacés et couvertes de feuilles de bananas… Leur (*sic*) viandes ordinaires sont des Batatases, des injames, du bananas et d'autres racines bouillies ou frites. Ils mangent aussi de la chair fumée et du poisson séché au soleil et mettent tout cela dans un plat…, ils boivent de grands traits d'eau, de vin de palme ou d'une certaine boisson qu'on nomme *malaffo*.

«Leur habit est une espèce de toile tissue de l'écorce d'un arbre nommé *matombé* [4], ils portent par-dessus quelque peau de singe ou

[1] BRAOUEZEC. *Notes sur les peuplades riveraines du Gabon, de ses affluents et du fleuve Ogo-Uwai* (*Bull. Soc. de Géogr.*, mai 1861, p. 345-359).

[2] Mgr LE ROY, *op. cit.* (*Miss. cath.*, 1897, p. 35). D'après Bowdich, le nom de *Boulas*, donné par les Gabonais aux Ba-shéké, est un nom générique qui s'applique à tous les noirs de l'intérieur, et signifie «sauvages».

[3] O. LENZ, *Reise auf dem Okande in West-Afrika* (*Zeitschr. d. Ges. f. Erdkunde z. Berlin*, t. X, 1875). Braouezec avait déjà signalé la ressemblance entre les dialectes des Ba-kalai et des Ba-shéké, qui se donnent eux-mêmes par vanité comme l'ahouins.

[4] *Malaffo* ou *malafou* et *matombé* ou *matomba* sont des mots essentiellement

de civette avec une clochette au milieu. Il y en a qui portent des chapeaux d'écorce d'arbre ou de noix de coco, d'autres ont un bouquet de plumes attaché autour de la tête par un fil d'archal... Ils se barbouillent le corps de rouge et teignent un de leurs yeux de cette couleur et l'autre jaune blanc. Ils se peignent sur le visage trois rayons comme ceux du soleil et se serrent le milieu du corps d'une peau de buffle de cinq ou six pannes de long... Il y en a qui ont de petites boëtes pendues au cou, mais ils ne veulent pas laisser voir ce qui est dedans. Les femmes ont des tabliers de jonc natté et les hommes ne sortent jamais sans épée. »

La traite et les vices de la civilisation ont bien abâtardi cette population, alors assez belliqueuse pour pousser des expéditions flibustières jusqu'à l'Ogôoué au Sud, jusqu'au Rio del Rey au Nord.

V. Populations du delta de l'Ogoôué au xviiᵉ siècle.

Dapper place, entre le cap Lopez et Sette-Cama, les *Gobby* et les *Comma;* il se borne à en dire qu'ils sont toujours en guerre les uns avec les autres, et, chose plus intéressante, qu'ils ont la même langue et les mêmes coutumes que les Lovango. La similitude des noms nous inclinerait à croire qu'il s'agit là des *Nkomi* ou *Kama* qui occupent encore le pays, et qui se vantent de l'avoir de tout temps occupé [1], mais une autre tradition rapporte que les Nkomi ne sont établis sur la côte que depuis moins d'un siècle et qu'ils portaient auparavant le nom d'*Erimboé-Nkombé* [2]; d'autre part la seule langue parlée dans la région depuis au moins trente ans est un dialecte mpongwé [3].

Il est donc vraisemblable qu'avant le xixᵉ siècle, le delta du cap Lopez et la région du Fernand-Vaz étaient habités par une population fiotte et sans doute ivili comme le pense M. Forêt; elle aurait

fiottes. Les pagnes d'écorce battue qui composaient le costume des Gabonais avant l'importation des cotonnades étaient faits avec une espèce de ficus appelé *mpondé* en gabonais (V. Largeau, *Encyclopédie pahouine,* p. 492).

[1] R.-P. Buléon, Lettre (*Ann. Propag. foi*, mai 1888).

[2] A. Forêt, Le lac Fernand-Vaz (*Bull. Soc. de géogr.*, 7ᵉ série, t. XIX, 1898, p. 308-327). Le nom d'*Erimboé Nkombé* paraît signifier les « fils du Fleuve du Soleil». Le nom de *Nkombé* (Soleil) appartient encore à une autre peuplade d'ailleurs d'origine différente.

[3] De Compiègne, *op. cit. append.*

été subjuguée au début du xix⁰ siècle par des envahisseurs mpongwé, les Erimboé-Nkombé, qui auraient pris le nom des vaincus tout en leur imposant leur langue.

VI. Le royaume de Loango et les contrées de l'intérieur au XVIIᵉ siècle.

Dapper, après avoir décrit les coutumes du royaume de Loango, et indiqué que les liens unissant les différentes provinces du royaume commençaient déjà à se relâcher, nous donne des détails circonstanciés mais de peu de valeur sur les régions de l'intérieur qui en sont limitrophes.

C'est d'abord la province de Bokkemeale, tributaire du roi de Loango et située de l'autre côté de la forêt de Mayombé ; la première partie du nom est simplement le mot *Mboko*, *Mbouke*, *Mboukou*, si fréquent dans la toponymie fiotte [1], et qui signifie *feudataire*, *vassal*. Quant au mot Meale, c'est sans doute un nom de village aujourd'hui disparu ; il y a cependant, un peu à l'Est de Mboko-Songo, un village de Machelé dont la position correspond à peu près exactement à l'emplacement de Bokkéméalé donné par la carte de Dapper, ici très facilement identifiable ; la position de Machelé près de la limite du territoire atéké correspondrait également à ce fait que Bokkéméalé était l'emporium des Ba-téké chez les Fiottes.

Au Nord-Est, le pays des *Amboës* ou *Ambous* sépare le Loango du royaume d'Anzico. S'agit-il des *Mbambou* de la Likouala ? Des *Baloumbou* de la Nyanga ? Des envahisseurs ba-kota qui se donnent à eux-mêmes le nom de *Ba-voumbou*, *Ba-koumbou*, les « nus » ? La vérité est peut-être encore ailleurs.

Puis vient la province pleine de forêts peuplées exclusivement par les nains *Mimos* et *Bakke-Bakke*, sujets du grand Makoko. Le premier nom ne nous dit rien, mais quant au second, plutôt que d'y voir avec Mᵍʳ Le Roy l'ethnique Ba-téké, nous préférons y trouver une simple onomatopée, imitant le croassement du langage des Pygmées ; c'est de même que sur la côte orientale ils étaient appelés Wakwak par les Arabes et les Sabéens au temps de Cosmas Indicopleustes (viᵉ siècle après J.-C.).

Enfin, le centre du continent aurait été alors occupé par l'im-

---

[1] *Mboko-Songo* (feudataire du cuivre), *Mbouke-Chibambu*, *Mboukou-Yama*, *Mboukou-Ioho*, *Mboko-Nkenghé*, *Mbokou-Sangala*. etc.

mense royaume d'Anzico, dont les habitants anthropophages s'appellent *Monsoles* ou *Métiques* (Ba-téké?) et qui est borné au Nord par le royaume de Mujaco, au Nord-Est par celui de Giribuma ou Giringbomba, à l'Est et au Sud par le Monoëmugi (Ounyamouézi) et le Niméamaye (Manyéma). De tout cela il n'y a pas grand'chose à tirer.

VII. Le royaume de Loango et les contrées de l'intérieur au XVIII° siècle.

A la fin du XVIII° siècle [1], le démembrement du royaume de Loango est complet; les deux royaumes de Iomba, celui de la côte (Mayoumba) et celui de la forêt (Mayombé), sont devenus indépendants, et du premier, s'est même détaché récemment le petit État de Sainte-Catherine. Degrandpré, qui reconnaît que c'est pour se conformer à l'usage qu'il nomme rois et royaumes de petits chefs tout nus et de très petites étendues de terrain, ajoute cependant que le roi de Loango exerce encore une autorité nominale sur toute la côte entre le cap Lopez et Ambriz; il est le seul à porter le titre de *mfoumou néné* (grand prince) et le seul dont la dignité soit élective.

Degrandpré confirme l'ancienne extension de la race fiotte lorsqu'il dit que les naturels de cette côte se nomment tous entre eux Congo; le langage congo leur est commun à tous [2]; les habitants suivent les mêmes usages et exercent la même religion. La population des trois royaumes de Loango, Kabinda, Malembé, que l'on peut considérer comme égalant en grandeur chacun une province de France, s'élève alors à environ 600,000 habitants.

A la même époque, les données sur l'intérieur deviennent moins fabuleuses; on ne nous parle plus du royaume d'Anzico, mais nous apprenons que le royaume de *N'téka* (*Ntéké*, plur. *Ba-téké*) [3] est limitrophe du Loango à l'Est (Proyart) et que les Boubangui doivent habiter dans la même région : «La traite à Loango s'appelle *Mayombe, Montéké* (*ntéké*) et *Guibangue* (*boubangui*).» (Degrandpré).

---

[1] Consulter pour cette époque : G. Bosman, *Voyage de Guinée*, etc., Utrecht, 1705; Abbé Proyart, *Histoire de Loango, Kakongo et autres royaumes d'Afrique*, *rédigée d'après les mémoires des préfets apostoliques de la Mission française*. Paris, 1776; Degrandpré, *Voyage à la côte occidentale d'Afrique fait dans les années 1786 et 1787*. Paris, an IX. 1801.

[2] Le vocabulaire donné par Degrandpré est encore exact après plus d'un siècle.

[3] D'après le R. P. Prat, leur vrai nom serait *O-tégué*, plur. *A-tégué*.

Ce dernier renseignement est confirmé par la tradition : les Apfourou, les Ba-yanzi, les Boubangui qui parlent la même langue et ont les mêmes tatouages, seraient venus du Nord vers la fin du xviii° siècle et auraient été arrêtés par le roi des Ba-téké, qui les vainquit sur les bords du Léfini, dans une bataille de trois jours[1].

VIII. La Gabonie au début du xix° siècle.

En 1817, Bowdich profita d'un séjour de sept semaines dans le Gabon pour interroger sur les peuples de l'intérieur des commerçants intelligents et de nombreux esclaves[2]; les renseignements qu'il a su ainsi coordonner sont extrêmement précis, et, grâce à la connaissance que nous avons aujourd'hui du pays, nous pouvons identifier à peu près à coup sûr les noms de peuples et de localités. Je traduis en condensant un peu et en respectant la transcription anglaise des mots indigènes :

« Si on remonte pendant deux jours et deux nuits l'affluent Nord-Est du Gabon (*Como*), et si on pousse par terre deux jours plus loin à travers le pays des Sheekan (*Ba-Shéké, Shékianis ou Boulous*), on atteint Samashialce, capitale du pays Kaylee (*Akellé, plur. Ba-kellé*), qu'on appelle aussi quelquefois Kalay (*Akalai, plur. Ba-kalai*). Les Kaylee tirent le fer du minerai et sont cannibales, de sorte que les habitants du Gabon n'osent se risquer parmi eux qu'avec une forte escorte de Sheekan. Leur pays est montagneux et boisé. Au Nord-Est de Kalay, dans une montagne, habitent des gens qui voient mieux la nuit que le jour (*les Négrilles Bé-kui?*)

« A deux jours au Nord-Est de Kalay, près du fleuve Danger (*Mouni*), se trouve la ville d'Imbekee; en poursuivant pendant un mois dans la même direction, on arrive au royaume plus étendu de Badayhee(?) et Oongomo (*Ongomo, plur. Ba-ngomo, groupe de la famille akalai*), en passant par les pays Beesou (à trois jours d'Imbeeke), Aösa et Hétan(?) La capitale d'Oongomo, qu'on représente comme une très grande ville, s'appelle Mattadee[3]. Le langage paraît y être

[1] E. Reclus. *Nouvelle géographie universelle*, t. XIII. L'Afrique méridionale, p. 370, Paris, 1888.

[2] T. E. Bowdich. *Mission from Cap Coaste Castle to Ashantee*. Appendice. Lond. 1819.

[3] Ne pas confondre avec le Matadi du Bas-Congo. Le mot signifie «amas de rochers».

parent de celui de Kalay. Si l'on poursuit vers le Nord, à travers les petits états Oondamee et Bolaykee (*Oudemou et Molengui, tribus kombé*), on atteint en six jours les vastes pays Paämway (*Pahouin*) et Shaybee (*Osyeba*), qui sont limitrophes; ces pays sont limités au Nord par le royaume Bayhee (*Fan Betchi?*), que traverse le fleuve Wola ou Wole coulant vers l'Est (*cours supérieur du Bénito*); c'est le plus grand fleuve que les voyageurs aient vu ou dont ils aient entendu parler; l'Ogouawai (*Ogóoué*) doit être en liaison avec ce fleuve puissant. On nomme Deeha(?) comme un grand pays dans le voisinage du Wola. Tous les peuples qu'on rencontre sur cette route sont cannibales.

«En remontant pendant un jour et demi, ou environ 35 milles anglais, le bras Sud-Est du Gabon (*Rhamboé*), qui, à environ 6o milles de son confluent avec le bras Nord-Est (*Como*), est formé par la réunion de plusieurs petites rivières, et en traversant ensuite pendant deux jours et demi un pays de steppes inhabité du nom de Woonga-Woonga, on arrive à l'Ogooawai (*Ogóoué*), fleuve impétueux, souvent aussi large et important que le Gabon. En remontant ensuite le fleuve pendant un jour, on arrive au petit royaume d'Adjoomba (*Ayoumba*), qui se compose seulement de quatre villages. A un jour de marche en aval vers le Nord-Est, se trouve le puissant royaume Gaëlwa (*Galoa*), dont la longueur est de trois jours de marche; la capitale, ville importante, s'appelle Inkanjee, la deuxième ville, Gooudemasie. Le Galoa confine à l'Eninga (*Enenga*), où le fleuve s'élargit considérablement; ce pays est plus grand que l'Adjoomba, très peuplé, et forme plusieurs petites seigneuries. Jusqu'en ce point, la langue est la même que dans l'Empoongoua (*Gabon*). De la frontière du Galoa et de l'Eninga par le petit état d'Okota distant de cinq jours, on arrive en vingt jours au royaume Asheera (*Eshira*) et de là en dix jours à l'Okandee (*Okandé*), le plus grand royaume connu. A la frontière orientale de l'Okandee, l'Ogooäwai doit s'unir avec le Wola ou se séparer de lui (*confluent de l'Ivindo*). Aucune des populations de l'Ogooäwai n'est cannibale.

«On nomme Sappalach(?), Koumakaïmalong (*Makei?*) et Okaikay(?), les pays situés entre la rivière Danger et l'Ogooäwai; on dit que ce sont d'immenses savanes.

«Dans l'Adjoomba, l'Ogooäwai se sépare (*confluent du Ngounyé*); le plus petit bras du nom d'Assazee (*Bas-Ogóoué*) coule vers le cap

Lopez où se trouve le pays Oroõngoò (*Oroungou*) séparé de
l'Adjoomba par le royaume Oongobai (*Nkomi*), pendant que le plus
grand (*Nyounyé*), aussi large que le Gabon, coule au Sud-Est vers
le Congo à travers le Tanyan(?), dont la frontière occidentale est à
cinq jours d'Adjoomba, et se jette dans ce fleuve à dix jours de
marche en amont de son embouchure » [1].

Ces renseignements si intéressants·vont nous permettre avec
l'aide des traditions locales, suffisamment dignes de foi puisqu'elles
ne remontent pas à plus de trois générations, de rechercher quelle
était, il y a un siècle, la situation des tribus de la Gabonie appartenant aux familles benga, kombé, mpongwé, okandé, adouma,
akalai, pahouinc.

IX. Les Benga et les Kombé au début du XIXe siècle.

Les Benga paraissent avoir été les premiers habitants de la partie de la côte qui s'étend du Campo au Gabon; à parler plus
exactement, on n'a pas retrouvé trace, en dehors des Négrilles,
d'indigènes qui les auraient précédés, et tous ceux qui les en-
tourent sont venus après eux, les serrant contre la côte. Leur langage présente de grands rapports avec le di-kellé, mais surtout
avec les dialectes des populations du Kameroun, Dwalla et Ba-
tonga. J.-L. Mackey, qui signale ces rapports, en conclut que les
Benga viennent du Nord-Est [2].

Dès le XVIIIe siècle, et peut-être auparavant, ils étaient pressés
par les Kombé dont les principales tribus sont les Ba-pouko, les
Ba-lengui ou Molengui, les Boumoudi, les Igarra, les Boniko et
peut-être aussi les Ba-shéké. Tous, d'après du Chaillu, parlent
différents dialectes d'un même langage, que Mackey représente
comme totalement différent du benga.

Les Kombé s'étendaient assez loin dans l'intérieur et devaient
occuper la majeure partie des bassins côtiers du Campo et du
Bénito avant l'arrivée du flot pahouin; nous voyons, en effet, que
Bowdich place des Oudemou et des Mo-lengui sur le Haut-Bénito
et qu'il étend les Ba-skéké dans le Haut-Como, à deux jours en

[1] D'après certains détails donnés plus loin par Bowdich, on voit clairement
que son informateur a pris pour le Zaïre l'Ovenga, l'Obigui ou une rivière voisine ; il dit en effet que ce fleuve arrose le pays des Nkombé et des Iveïa.

[2] *Grammar of the Benga Language*. New-York, 1855.

amont d'Atacama, point terminus de la navigabilité. Dans un autre passage que nous n'avons pas cité, il met dans le Haut-Como une tribu de Djomays parlant un dialecte shéké, et entre le Gabon et la rivière Danger, des Nokos (*Boniko*), des Apouks (*Ba-pouko*) et des Komebays (*Nkombé*).

L'arrivée des Be-fan devait apporter de profondes modifications à cet état de choses; le souvenir en est resté chez les anciens des villages dont M. Vézier a recueilli les récits [1].

L'événement est placé par les narrateurs au commencement du xixᵉ siècle, ce qui est d'accord avec la position donnée par Bowdich aux Paämway. Les Yara et les Boniko vinrent alors s'installer dans la presqu'île formée par la rivière Campo, les Ohné ou Avouni à la Pointe Ohné et jusqu'à la rivière Otoundi, les Kombé proprement dits, les Moma, les Mosséké, les Molengui, les Mari à la Pointe Ovoumi. Quant aux Benga et aux Ba-pouko, ils se dirigèrent vers le cap Saint-Jean et un certain nombre d'entre eux passa dans l'île Corisco, encore déserte [2].

Ultérieurement, mais à une époque indéterminée, le chef des Kombé, nommé Mosendjé, explora la plage et poussa jusqu'au Benito où il s'installa; il appela à lui les Mo-lengui et les Moma et établit avec eux de nombreux villages à l'estuaire de ce fleuve et dans la baie de Batah; ils furent remplacés à la Pointe Ovoumi par les Ohné et les Mari, tandis que les Mosséké remontaient le Campo, où ils se trouvent encore aujourd'hui.

X. Les Mpongwé au commencement du xixᵉ siècle.

Nous avons vu les envahisseurs mpongwé, venus du Haut-Ngounyé, arriver à la côte dans le courant du xviiᵉ siècle; ils laissèrent les forêts aux chasseurs Ba-shéké, premiers occupants du sol, et s'établirent dans les endroits qui leur semblèrent les plus favorables pour le trafic d'intermédiaires entre les Européens et les tribus de l'intérieur : les Mpongwé aux deux rives de l'estuaire du Gabon; les Oroungou sur la côte et dans le delta de l'Ogôoué; les Nkombé, descendus par le Rembo Nkomi, autour du Fernand-Vaz dont ils assujettirent les premiers habitants, les fiottes Kama;

[1] Regismanset (*Revue coloniale*, mai 1900).
[2] En 1855, aucun des anciens de Corisco n'était né dans l'île (Mackey).

enfin les Galoa près du confluent de l'Ogôoué et du Ngounyé[1]. Ces derniers débouchèrent directement au lac Onangué où ils habitèrent d'abord un village unique, puis ils se répandirent sur les rives du fleuve et autour des lacs, imposant leur langue et leur civilisation aux Enenga qui, par la race, appartiennent aux Ba-kota de l'Ouest.

Quant aux Adjoumba, ils formaient, lors de la conquête, une branche importante de la tribu des Mpongwé et vivaient avec eux sur la rive Sud du Gabon. Ils furent presque exterminés dans une guerre que leur livrèrent les Oroungou, et les survivants s'enfuirent à un lac qu'ils nommèrent lac Azingo ou des Douleurs[2]; les renseignements de Bowdich nous montrent que cette catastrophe est antérieure aux premières années du xixe siècle.

XI. Les familles Okandé et Adouma au commencement du xixe siècle.

Le bassin de l'Ogôoué, en amont du confluent du Ngounyé, paraît avoir été occupé très anciennement par deux groupes de tribus qui ne diffèrent pas entre eux essentiellement, mais présentent des différences de dialectes suffisantes pour que nous en fassions deux familles distinctes :

1° La famille okandé comprenant deux subdivisions :

a. — Le groupe okandé-apingi-ichogo-mpovi ;
b. — Le groupe eshira-ashango.

Les Mpongwé doivent se rattacher à cette famille, mais on ne saurait en rapprocher les Benga, comme l'a fait de Compiègne en se basant seulement sur la ressemblance des dix premiers noms de nombre dans chaque dialecte[3].

2° La famille adouma comprenant deux subdivisions :

a. — Le groupe adouma-awangi-njavi.
b. — Le groupe okota-moshebo.

Il se pourrait d'ailleurs que cette famille rentrât dans la grande

[1] Un autre groupe de la même race, les Pangié, avoisinaient les Galoa, mais ils se fondirent rapidement avec ceux-ci. Au moment du passage de Serval (1862), ils n'avaient plus qu'un village indépendant, celui d'Atchauka.

[2] Toutes ces traditions sont dues à M. Haug (*op. cit.*)

[3] *L'Afrique équatoriale, Okanda, Bangouens, Osyeba*, Paris, 1875.

famille fiotte dont dépend également le groupe ntéké-mbété-mbamba [1].

D'après leurs traditions, les Ba-kota, qu'il ne faut pas confondre avec les Ba-kota de l'Est, parents des Ba-mbemba et des Mi-mbété, seraient, ainsi que leurs frères les Yalimbongo, venus du Nord par la voie de l'Okano [2]; ils s'établirent sur les deux rives de l'Ogôoué jusqu'au Ngounyé, où s'établit leur avant-garde, les Enenga [3]. Les M'oshebo viennent également du Nord, et appartiennent, disent-ils, à une tribu importante [4].

Venus du Nord aussi, les Okandé, qui comprennent les tribus ashouka, kona, cimba, shibé; établis jadis dans le Haut-Ivindo, ils en furent délogés une première fois par les Osyeba [5]; descendant le cours de cette rivière [6], ils vinrent aboutir à l'Ogôoué, où Bowdich nous les montre installés dès le commencement du xixe siècle; il étaient alors, racontèrent-ils à MM. de Brazza et

[1] En raison de la rareté des données anthropologiques, nous avons établi la classification qui précède surtout d'après l'examen des vocabulaires (voir l'appendice) et subsidiairement d'après les renseignements parfois contradictoires donnés par les voyageurs. Du Chaillu (*Afrique sauvage*, p. 212) dit que les Ba-pingi et les M'itchogo parlent la même langue, ce qui n'est d'ailleurs pas absolument exact. D'après Lenz (*Reise auf dem Okande*), les Ba-pingi affirment que leur langue ressemble à l'okandé comme l'inenga au mpongwé. Lenz nous apprend également (*Reise vom Okandeland bis zur Mündung des Schebeflusses*) que les M'adouma ne sauraient être classés avec les Okandé et sont aussi proches parents des M'oshebo que les Gabonais des Oroungou, mais, d'après M. Payeur-Didelot (*Trente mois au continent mystérieux*, p. 177), les M'oshebo, tout en ayant emprunté aux M'adouma bon nombre de leurs coutumes, parleraient une langue différente qui tient à la fois de l'akaloi et du fan. Lenz (*Reise vom Okandeland*, etc.) et Berton (*de Lastourville à Samba*) sont d'accord pour faire rentrer les M'adouma et les Awangi dans le même groupe, mais, alors que Berton attribue une origine commune aux M'ashango et aux M'itchogo, du Chaillu fait parler aux premiers la langue eshira, aux seconds la langue apingi, et il a soin de spécifier que ces deux langues sont tout à fait différentes (*Afrique sauvage*, p. 211 et 241). Enfin Barrat (*Ogôoué et Como*) prend les Ba-pobi pour des Ba-kaloi, tandis que Berton en fait les descendants dégénérés des Ba-njavi. Il est d'ailleurs certain que ces derniers, comme les Ba-kota de l'Ouest, ont leur sang profondément mélangé de sang négrille (Dr Hamy).

[2] L. GUIRAL. *Le Congo français. Du Gabon à Brazzaville*, Paris, 1889, p. 23.

[3] E. HAUG, *op. cit.*

[4] PAYEUR-DIDELOT. *Trente mois au continent mystérieux*, p. 177.

[5] *Ibid.*, p. 171.

[6] L. GUIRAL, *op. cit.*, p. 33.

Marche, les tranquilles possesseurs du fleuve entre la rivière Lazio et la porte de l'Okandé. Mais les Osyeba les suivaient de près; c'est en effet en 1825 que leur premier clan atteignit le fleuve; ce clan, qui arrivait par la vallée du Lazio, était conduit par un chef qui descendit le fleuve jusqu'au Rhamboé, où il mourut[1].

Bowdich nous montre les Eshira établis sur l'Ogôoué entre les Ba-kota et les Okandé. Il est probable qu'il ne s'agissait là que d'une partie de cette importante nation qui comprend les Ngozai, les Kamba, les Tando, et auxquels se rattachent les Ba-pouno[2]; toutes ces tribus, d'origine septentrionale, avaient dû utiliser de bonne heure la trouée plane et couverte de steppes qu'ouvre vers le Sud, entre deux massifs montagneux et boisés, la vallée de l'Ofôoué, prolongée par celle de l'Oano.

Il en fut certainement ainsi pour les Ba-pingi du Haut-Ngounié; ceux-ci, qui ont laissé un îlot-témoin sur l'Ogôoué, ont raconté à Mgr Adam qu'ils étaient établis sur le Ngounyé depuis plus de cent ans[3]. Il n'y aurait rien d'impossible à ce que ce soit leur arrivée qui ait déterminé le départ des Mpongwé de cette région vers le Nord.

Nous n'avons d'autres renseignements sur l'origine des Ba-njavi que leur parenté linguistique avec les M'adouma et les traces de métissage avec les Négrilles que présentent leurs caractères anthropologiques; cela est regrettable, car il semble bien que cette tribu, encore fort importante aujourd'hui, couvrait tout le pays entre le Ngounyé et le Haut-Ogôoué antérieurement à l'arrivée de la famille okandé-eshira; cela ressort en effet de leurs emplacements actuels et des renseignements donnés par du Chaillu et Serval sur les peuplades de l'hinterland vers 1860; du Chaillu notamment nous les montre bordant le Ngounyé sur deux points, près des chutes Samba et en amont des M'achango.

Nous ne sommes pas mieux renseignés sur l'origine des M'adouma et des Me-wangi qui forment une agglomération très importante au Nord-Est des Ba-njavi. M'adouma et Me-wangi ne diffèrent que par le genre de vie : les premiers, habitant sur le fleuve, sont devenus pagayeurs, pêcheurs et commerçants; les seconds, répandus dans

[1] De Brazza (*Tour du Monde*, 2ᵉ sem. 1887, p. 324).
[2] Du Chaillu, *L'Afrique sauvage*.
[3] *Annales apostoliques*, 1901.

la brousse, sont restés chasseurs. Si le terrain occupé par ces deux tribus est peu étendu, la population y est très dense. Les M'adouma, à eux seuls, comptaient en 1884 10.000 individus de race pure, servis par une multitude d'esclaves, et les Me-wangi formaient une nation encore plus forte[1]. Les seules données que nous ayons sur l'histoire première des M'adouma sont qu'ils faisaient jadis un commerce très étendu, envoyant leurs convois de pirogues jusqu'à Lopé en aval, jusqu'à la chute Poubara en amont; ce trafic fut arrêté en aval en 1869 par l'arrivée des Osyeba, en amont en 1865 par le soulèvement des Andjiani, que révoltaient leurs actes de piraterie. Dès lors, les M'adouma, serrés de près par les Me-wangi, étaient voués à une destruction complète; ils en furent sauvés par l'arrivée des Français qui leur fournirent des fusils[2]. Depuis, ils sont restés stationnaires, et nous n'aurons plus à parler d'eux, car leurs luttes avec les Me-wangi, qu'ils oppriment à leur tour, ne présentent aucun intérêt. Signalons cependant ce fait que, depuis quelques années, ils ont repris leur navigation vers l'aval, grâce à notre protection, et qu'ils envoient leurs convois de pirogues jusqu'à Ndjolé; les Ba-kalai m'ont prétendu qu'ils envoyaient également des caravanes par terre jusqu'à Samkita, et j'ai suivi moi-même pendant quelque temps le sentier dit des M'adouma, mais je n'ai pu vérifier autrement ce fait qui paraît bien invraisemblable.

XII. Origine des Ba-kalai.

Cette question est la plus difficile à résoudre de toutes celles qui se posent à nous dans cette étude. Nous voyons aujourd'hui les *Ba-kalai, Ba-ngoué, Ba-ngomo*, dispersés par petits paquets sur une immense étendue de terrain, du Gabon à la Sangha, de l'Ovenga à la Passa. Où est leur berceau? Quels chemins ont-ils suivis? Les traditions sont peu nombreuses et se contredisent.

Jacques de Brazza a trouvé un petit groupe de Ba-ngomo près des sources de la Likouala; il y a vu le centre d'origine des Ba-kalai[3].

Barrat adoptant cette donnée dit que, partis de la rivière Sébé,

---

[1] Payeur-Didelot, *op. cit.*, p. 177.

[2] De Brazza, *op. cit.* Au moment du premier passage de M. de Brazza, ils n'avaient que 20 fusils.

[3] H. Rillot, Jacques de Brazza au Congo (*Gazette géogr.*, Nouv. série, t. XXIV, 1887).

ils ont, après avoir fait un détour, occupé le Bas-Ogôoué, le Rhamboé, le Como et le Gabon [1].

Braouëzec les fait originaires de la rive gauche de l'Ogôoué [2]

D'après une tradition recueillie par Serval, leur masse se serait avancée vers le milieu du xviiie siècle par le lac Zonangué sur le fleuve Ogôoué et se serait scindée en deux corps d'émigrants : l'un pénétra dans le Gabon par le Rhamboé et s'empara des terres baignées par le Como et l'Ikoï du Gabon ; l'autre demeura aux alentours du lac Zonangué [3].

D'après Lenz, ils seraient venus du Sud-Est le long du Ngounyé, dispersant devant eux les Ba-shéké [4].

D'autre part, M. Haug rapporte qu'ils se sont établis dans le Bas-Ogôoué depuis un nombre de siècles impossible à évaluer, mais en tous cas antérieurement à l'arrivée des Mpongwé, donc au xviie siècle ; ils auraient occupé primitivement l'espace compris entre le lac Azingo et l'Abanga d'une part et la rivière Ofôoué d'autre part [5].

Enfin les Ba-kalai ressembleraient physiquement aux Shaké, qui sont proches parents des Pahouins [6], et si les uns rattachent leur langage à la famille benga [7], d'autres l'apparentent aux dialectes shaké et okota de l'Est [8].

Que croire ?

Les renseignements de Bowdich, si précis sur ce point particulier, nous prouvent qu'on se trompe en plaçant des Ba-kalai sur le Bas-Ogôoué avant le xixe siècle. De plus, les recherches de Kœlle, de

[1] *Op. cit.*

[2] *Op. cit.*

[3] La première exploration de la vallée de l'Ogôoué (*Bull. Soc. Géogr.*, 7e série, t. X, 1889, p. 279-328).

[4] Reise vom Okandeland bis zur Mündung des Schebeflusses (*Mitth. d. K. K. geogr. Gesellsch.* Wien 1878).

[5] *Op. cit.*

[6] S. DE BRAZZA, *op. cit.*

[7] Lenz, Haug, Wilson. Ce dernier dit que les Ba-kalai sont plus proches des Benga que de toute autre race (R. N. CUST. *A Sketch of the modern Languages of Africa.* London 1883).

[8] Lenz, S. de Brazza. En réalité, comme on pourra en juger d'après l'examen des vocabulaires (v. l'appendice), dans chaque groupement akalai, le langage est fortement influencé par celui de la nation la plus voisine, mais ce sont le fan, le benga et surtout le shéké (boulou) qui offrent les rapports les mieux établis avec le di-kellé

du Chaillu et de Serval nous permettent d'établir la répartition des différentes peuplades dans le bassin entier de l'Ogôoué dans la première moitié du xix° siècle, et nulle, part, dans les longues listes de tribus qu'ils nous ont laissées, nous ne trouverons mention de Ba-kalai, de Ba-ngomo et de Ba-ngouen habitant au Sud du fleuve; le Révérend S. W. Kœlle, d'après des informations recueillies auprès d'esclaves, place des «Bakellé» et des «Bounkomo» à côté des Ba-mbemba, à l'Ouest des Shaké, et des Oungomou, près des Ba-ndassa, à l'Ouest des Mi-ndoumbo [1].

Mais un argument décisif nous est fourni par du Chaillu [2]; les Ba-kalai auraient émigré du Nord vers les monts Ashankolo, et ne seraient arrivés sur l'Ovenga que vingt ans avant le passage de l'explorateur, donc vers 1843; ils se seraient ensuite répandus sur les bords du Ngounyé et au delà de l'Ovigui.

Il faut donc admettre, et tel sera notre avis jusqu'à preuve du contraire, que si les Ba-kalai ont leur berceau dans la Haute-Likouala, ils ont d'abord émigré vers l'Est par les vallées du Liboumbi, de l'Okano, de l'Abanga, laissant sur leur gauche le groupe Okandé, impénétrable pour eux; ils formaient au début du xix° siècle, comme nous l'apprend Bowdich, un groupe compact entre l'Okano, le Mouni et le Como. Bowdich parle de royaumes et de capitales, mais on entend que ces mots doivent se prendre dans le sens le plus restreint; mes guides m'ont cité pompeusement à moi-même, trois chefs différents comme étant «le roi pour tous les Ba-kalai»; vérification faite, l'autorité de ces chefs ne s'exerçait que sur quelques villages voisins.

Ce ne serait qu'entre 1820 et 1843 que les Ba-kalai, poussés par le flot pahouin, auraient franchi l'Ogôoué vers Samkita, et de là, bifurqué d'une part vers le Rhembo Nkomi, de l'autre vers le Haut-Ogôoué.

N'oublions pas que les Ba-kalai sont, et de beaucoup, les plus nomades de tous les indigènes du Congo français; indépendamment du fait qu'ils délaissent l'agriculture pour vivre à peu près exclusivement de chasse, et par suite manquent de cohésion et de stabilité, ils ont la coutume qui leur est propre de déserter complètement leurs villages aussitôt qu'un chef ou un personnage influent vient à y mourir.

[1] *Polyglotta Africana*, or a comparative Vocabulary, etc., London 1854.
[2] *Afrique sauvage*, p. 35.

· Il en résulte que leurs petits clans de chasse sont constamment en mouvement[1]; là où ils trouvent des pays déserts, difficiles et giboyeux, ils ont le moyen de s'étendre et ils gardent leur unité ethnique; sinon, ils se faufilent en suivant les lignes de moindre résistance entre les groupes de populations plus cohérents et vont chercher ailleurs un terrain inexploité; quand ils sont obligés de se fixer, ils se transforment et disparaissent.

Nous trouverons ultérieurement la confirmation de ce que nous avançons ici[2].

XIII. Origine des pahouins.

Les Pahouins, par leur nombre et par le rôle qu'ils sont appelés à jouer dans la colonisation du Congo français, ont attiré plus spécialement l'attention des voyageurs. Les données que ceux-ci ont recueillies sur leurs migrations sont nombreuses, mais les interprétations qu'ils en ont tirées pèchent souvent par trop de hardiesse et quelquefois par une connaissance insuffisante de la géographie de l'intérieur.

L'amiral Fleuriot de Langle avait, le premier, cherché à reconstituer l'itinéraire suivi par les Fan dans leur marche vers la Grande Eau occidentale[3]. Depuis, deux investigateurs, un administrateur colonial[4], et un missionnaire[5], agissant à l'insu l'un de l'autre, l'un auprès des Makeï de Ndjolé, l'autre auprès des Bedzi de la Mondah, ont recueilli de nouvelles données ne différant pas tellement

[1] Alors qu'un Pahouin ne pourra quelquefois donner des renseignements sur les villages éloignés de quelques heures de marche, les Ba-kalai connaissent le pays dans un rayon de plusieurs centaines de kilomètres; des Ba-kalai du Bas-Ikoï m'ont indiqué les chemins conduisant de leurs villages chez les M'adouma, chez les Cimba, chez les M'ashango avec des détails topographiques complets sur les pays traversés; j'en ai rencontré qui partaient en famille à quinze jours de marche de leur village pour aller récolter quelques boules de caoutchouc.

[2] Un groupe important de la nation des Ba-kouba, groupe situé près du confluent du Sankourou et du Kassaï, porte le nom de Ba-kalai. Il n'y a sans doute là qu'une similitude de noms toute fortuite. Le mot *akellé* en pahouin signifie «circoncis». Est-ce l'origine de cette appellation? Il est de fait que les Ba-kalai du Ngounié pratiquent la circoncision.

[3] Fleuriot de Langle, Croisières à la Côte d'Afrique (*Tour du monde*, 1er sem. 1876, p. 268).

[4] V. Largeau, *Encyclopédie pahouine*. Avant-propos, p. 27-30. Paris, 1901.

[5] R. P. Trilles, Chez les Fang (*Miss. cath.*, XXX, 1898, p. 81-82 et 92-94).

entre elles ni avec celles de l'amiral, qu'il faille les considérer comme de pure imagination.

Les chefs Be-fan du Bokoué ont tous affirmé à Fleuriot de Langle qu'ils venaient d'un territoire fertile appelé Ndoua, près du lac Ntem; des guerres incessantes les obligèrent à émigrer; les principaux fleuves du pays de Ndoua étaient le Lomon et le Bakoul; les principales montagnes, les monts Mendif et Kolaké; quelques villages avaient mis onze mois, d'autres cinq pour venir au Gabon en marchant trois jours sur cinq; ils n'avaient rencontré que huit centres de population entre le Tem et l'Ikoni et avaient traversé d'immenses plaines remplies de hautes herbes.

Voici maintenant le récit fait à l'administrateur:

« Les Fan viennent d'Oku (l'Est), d'un pays appelé Mvôgh-Etangha; ils en ont été chassés par des guerres continuelles et terribles... Dans ce pays il n'y a pas de grandes rivières, mais seulement des lacs et des étangs; on n'y a jamais vu de blancs... Les Bedzi passèrent à droite, ils suivirent le Como, les rivières Aboghe, Ntem et Ayia [1]; les Fan passèrent au milieu; les Makeï à gauche. »

Un vieux Bedzi ajoute :

« Les Pahouins habitaient à l'Est Mvan-Okouan (la pluie des gazelles) dans le pays de Yên-Dzogh [2], où coule une rivière appelée Dzam-a-nên (la grosse affaire) qui se jette dans l'Ayéna, affluent de l'Ogôoué et qui vient du Nord [3]. Il n'y a pas de bateaux sur la rivière et on a jamais vu de blancs dans le pays. Ce pays très montagneux est couvert de forêts; il y a là des éléphants, des hippopotames, des crocodiles, de grandes antilopes et des bœufs sauvages... Le pays serait habité par une tribu de Pahouins appelée Mvôgh-Etangha, gens fort méchants, qui sont toujours en guerre. »

Le récit, fait au missionnaire par un chef très âgé, est beaucoup plus circonstancié. Je suis obligé de le résumer en élaguant les détails pittoresques qui l'accompagnent.

[1] L'ordre des rivières est inversé : *Ayia* est le nom fan du haut-Ivindo, *Ntem*, c'est le cours supérieur du Campo et *Aboghe*, c'est sans doute l'Abanga.

[2] Le mot, dont M. Largeau ne donne pas la traduction, signifie « Vallée des Éléphants ».

[3] C'est encore une autre forme du nom du haut-Ivindo; quant au Dzam-a-nên, c'est évidemment le Dza ou Dja; il se jette en réalité dans la Sangha, mais les Fan Dzima qui l'habitent encore sont persuadés en effet que ses eaux vont à l'Ivindo (R. P. TRILLES).

«Il y a très longtemps, nous habitions des vallées fertiles remplies de bananiers, mais où manquaient le manioc et le maïs; nous n'avions ni poudre ni fusils, mais des arcs et des armes que nous forgions nous-mêmes. Attaqués par un peuple d'anthropophages très méchant et plus fort que nous, les Bemvou, nous sommes partis; nous avons marché sans relâche pendant treize lunes, traversé de très hautes montagnes où l'eau devient dure comme de la pierre; nous sommes descendus dans des vallées profondes où les bœufs sauvages vivaient en grandes troupes; là, nous sommes restés longtemps, et mon grand-père y est mort. Le rapide accroissement de la population et la poussée de nos frères qui nous suivaient nous obligea à repartir; j'étais alors enfant; nous descendîmes pendant longtemps la grande rivière Bah qui coulait à notre droite, et avec elle nous remontions peu à peu vers le Nord; nous étions souvent arrêtés par de larges affluents venus du Sud, car dans le pays de nos pères, il n'y a ni grandes rivières, ni canots; nous avions aussi à livrer de nombreux combats, surtout aux Pygmées Bé-kü. Après onze mois, nous nous sommes arrêtés de nouveau dans un pays de plaines et de marais que traverse une très grande rivière coulant vers le Nord, et ce lieu, nous l'avons appelé Teuj.

«Un jour funeste, nous fûmes attaqués par des gens ayant des habits de fer et de longues lances et montés sur d'étranges animaux à quatre pattes; les nôtres n'ayant que leurs boucliers en peau d'éléphant, leurs couteaux et leurs sagaies, durent céder le terrain; nous marchâmes alors constamment vers le Sud, en laissant sur notre droite de hautes montagnes; souvent l'on décidait de s'arrêter pour bâtir un nouveau village, mais derrière nous venaient sans cesse d'autres tribus, et sous peine de mourir de faim, il nous fallait bien vite reprendre la marche en avant. Tous les Fan se réunirent enfin dans un endroit nommé Ekoumaza, au confluent de deux grandes rivières, et là, nous nous séparâmes; les Fong partirent à droite le long de la rivière Dzong, les Méké continuèrent à descendre vers le Sud le long de la rivière Dzoh, et nous, les Bedzi, nous prîmes au milieu, descendant vers l'Ouest. Après avoir traversé la montagne Ekoumanzork (père éléphant), nous nous sommes encore divisés; les uns ont descendu la Womm, les autres la Komm, et nous, le Ntem, puis la Noya, puis l'Ebé et enfin la Tsini, où nous sommes maintenant.»

Le R. P. Trilles, cherchant à interpréter ce récit, plaçait le lieu d'origine des Pahouins sur les plateaux qui limitent à l'Ouest le bassin du Bahr-el-Gazal; l'hypothèse est raisonnable : le nom de Bemvou, donné aux envahisseurs, fait penser aux Momvou du Haut-Arouhimi (*Momvou*, plur. *Bemvou*); de plus les Pahouins sont unis aux Mombouttou, anthropologiquement parlant, par des liens étroits de parenté. Mais, en ce qui concerne l'itinéraire donné ensuite, il serait au moins prématuré de chercher des identifications. Les Pahouins ont pourtant laissé sur leur route des îlots-témoins, les Béndzi (ceux qui mangent), sur l'Ouellé et les Doualla dans la Haute-Sangha; ces derniers ont vraisemblablement quelque rapport avec la terre de Ndoua dont parle l'amiral Fleuriot de Langle. Le point Ekoumaza où a eu lieu la grande séparation est connu : il est situé près du confluent de la Kadéï et de la Batouri (Haute-Sangha), non loin du territoire des Fan-Dzem, Dzima ou Dzimou, les Mvôgh-Etangha de M. Largeau, à la poignée de l'éventail formé par les trois itinéraires divergents :

A droite, le Dzong ou Nyong, qui traverse la colonie du Kameroun de l'Est à l'Ouest;

A gauche, le Dzoh ou Dzah, affluent de la Sangha, le Dzam-a-nên de M. Largeau;

Au centre, la Womm (Benito), la Komm et le Ntem (branches origines du Campo), la Noya (Mouni) et l'Ebé (affluent de la Mondah).

Quant à l'Ekoumanzork, il a été retrouvé par Crampel près du Dzah et revu dernièrement par le R. P. Trilles.

Il me faut pourtant relever un point certainement inexact dans les traditions concordantes qui nous montrent trois courants, fong, bedzi, makeï, s'écoulant simultanément et progressant ensemble sans se confondre. En réalité, les Makeï n'ont pas gardé la gauche comme on l'indique; leur principal courant a passé à l'Est, mais dans toutes les directions, ils ont servi d'éclaireurs aux Bedzi qui les poussent.

Ce sont des Makeï que ces Osyeba qui précèdent le mouvement fan entre le Campo et le Mouni; Makeï également, les Mékourk qui les suivent. Le nom d'Osyeba que portent les Makeï dans le Mouni et le Campo comme dans l'Ivindo, n'est d'ailleurs qu'un sobriquet dont le sens est, si je ne me trompe, « fils du fleuve » [1];

---

[1] *Oshu eba*, le fleuve a engendré (en makeï). Le mot *oshu* désigne toute grande étendue d'eau et même la mer.

ce sobriquet leur aurait été appliqué ironiquement par leurs voisins se moquant d'hommes qui ne connaissaient pas l'emploi des pirogues et qui, même encore aujourd'hui, redoutent généralement les eaux profondes.

D'ailleurs Osyeba de l'Est, comme Osyeba de l'Ouest, ne portent pas seulement le même nom, ils parlent tous deux le fan makina et ont tous deux les mêmes tatouages; quand, en 1889, les porteurs pahouins recrutés par M. Fourneau dans le voisinage du pays okandé arrivèrent dans le pays des Mékourk, ils fraternisèrent avec ceux-ci, qu'ils étaient heureux de retrouver après la traversée du pays bedzi [1].

XIV. La Gabonie en 1864.

Après Bowdich, le silence se fait sur l'Ogôoué; les reconnaissances des officiers attachés à nos nouveaux établissements du Gabon ne nous apportent, de 1840 à 1860, que quelques menus renseignements sur les peuplades de l'estuaire [2]. En 1846, Coubangoï est le dernier centre boulou dans le Haut-Como; des hordes de Ba-kalai ont envahi la rive Nord du Gabon, où elles font régner la terreur; elles sont poussées elles-mêmes par les Pahouins, dont les premiers villages dans le Como commencent à apparaître au point terminus de la navigabilité, donc vers Atacama [3].

En 1864 [4], les Pahouins, continuant leur marche en avant, ont

[1] A. Fourneau, De l'Ogôoué au Campo (*Bull. Soc. Géogr.*, 7ᵉ série, t. XII, 1891, p. 190-215).

[2] Consulter notamment: Fleuriot de Langle, *Description du Gabon.* Paris, 1845. Ricard, Notes sur le Gabon (*Revue coloniale*, t. XIV, 1855, p. 245-265); Vignon, Le comptoir français du Gabon (*Nouv. Ann. des Voy.*, déc. 1856, p. 281-302).

[3] Piessard, Exploration hydrographique du Gabon (*Revue coloniale*, 1ʳᵉ série, t. XI, mars 1847, n° 15).

[4] Consulter pour cette époque : Paul B. du Chaillu, *Explorations and adventures in Equatorial Africa*, etc. Lond. 1861. Traduc. franç. Paris, 1863. — Serval, Description de la rivière Rhamboé et de ses affluents (*Ann. hydrogr.*, nov. 1861, p. 401-404). — Serval, Notice sur la rivière Moondah (*ibid.*, 3ᵉ trim. 1862, p. 150-155). — Serval, Reconnaissance d'une des routes qui mènent du Rhamboé à l'Ogo-wai (*ibid.*, oct. 1863, p. 309-315). — Griffon du Bellay, Exploration du fleuve Ogo-wai, juillet et août 1862 (*Rev. mar. et col.*, sept. 1863, p. 66-89 et oct. 1863, p. 296-309). — Griffon du Bellay, Le Gabon (*Tour du Monde*, 2ᵉ sem. 1865, p. 273-320). — La première exploration de la vallée de l'Ogôoué (*Bull. Soc. géog.*, 7ᵉ série, t. X, 1889, p. 279-328). —

partout gagné du terrain; à droite, des Osyeba occupent les hautes vallées des rivières côtières et en particulier du Mouni, où les a rencontrés du Chaillu.

Sur le Rhamboé, des Makeï ont poussé leurs avant-gardes, s'enfonçant comme un coin dans la masse akalai [1].

Les Ba-shéké, réduits au nombre de 3,000, n'ont plus que quelques villages sur le Gabon et 3 à 4 villages dans le Haut-Como [2].

Dans le Haut-Ogôoué, d'autres Osyeba descendus de l'Ivindo ont renforcé, vers 1835, les premières tribus arrivées vers 1825; d'après ce qu'ils racontèrent plus tard à M. de Brazza, ils vécurent d'abord en paix avec les Okandé, et contractèrent même ensemble des unions matrimoniales; mais, vers 1860, éclata entre eux une grande guerre provoquée par la question du règlement des dots; la lutte dura longtemps et finit à l'avantage des Okandé, grâce aux fusils à pierres que ceux-ci recevaient des Galoa et des Enenga en échange d'esclaves et d'ivoire. Les Okandé, demeurés maîtres de la rive gauche de l'Ogôoué et d'une partie de la rive droite, restèrent ainsi en relation avec leurs frères M'oshebo et M'adouma, chez lesquels ils continuèrent à envoyer deux fois par an des caravanes commerciales par pirogues. Quant aux Osyeba, arrêtés par les Okandé et par le fleuve qu'ils ne savaient franchir, ils s'entassèrent sur la rive droite en s'écoulant peu à peu vers l'aval.

En somme, à cette époque, tous les Pahouins qui se pressaient sur cette ligne du Campo à l'Ivindo appartenaient à la race makeï, sauf dans le Haut-Como.

Sous leur poussée, les Ba-kalai ont été obligés de passer l'Ogôoué; ils laissent cependant au Nord un groupe encore compact [3], qui occupe le Rhamboé, la presqu'île Esterias, la rive occidentale de l'estuaire de la Mondah et le Como, mais ils commencent déjà à se mélanger par infiltration avec les Ba-shéké et

Der Ogo-wai, der Hauptstrom in der Westhälfte des œquatorialen Africa (*Petermanns Mitth.*, 1863, Heft XII, p. 441-458). — BRAOUËZEC, Notes sur les peuplades riveraines du Gabon, de ses affluents et du fleuve Ogo-Uwai (*Bull. Soc. géogr.*, mai 1861, p. 345-359). — TOUCHARD, Notice sur le Gabon (*Rev. mar. et col.*, oct. 1861, p. 1-17). — CHARPENTIER, Note sur Fernand-Vaz (*Ann. hydrogr.*, 3ᵉ trim. 1862, p. 155-157). — Rich. BURTON, A day among the Fans (*Anthropol. rev.*, vol. 1, n° 1, p. 43-54).

[1] SERVAL, *Reconnaissance*, etc.

[2] BRAOUËZEC, *op. cit.*

[3] 60,000 âmes d'après Braouëzec.

les Mpongwé ; dès cette époque, la disparition rapide au contact de la civilisation de ces dernières peuplades commence à frapper les officiers français du Gabon. Quant aux Benga, ils ne possèdent déjà plus, en dehors de la colonie de Corisco, que deux enclaves sur le continent, au cap Estérias et au cap Saint-Jean.

Le groupe des Ba-kalai du Sud s'est concentré sur l'Ogôoué en amont du confluent du Ngounyé ; ils n'ont osé s'attaquer aux Galoa et aux Enenga, que Serval nous dépeint cependant sous un triste jour : pauvres et misérables, ils ont même oublié la chasse et ne vivent guère que de végétaux et de poissons qu'ils pêchent à l'aide de la fouine ; ils n'ont jamais osé résister aux prétentions des Nkomi. Mais les Ba-kalai ne sont pas des conquérants, et les Galoa tirent une telle force de la réputation de leurs fétiches et de la possession du lac Zonangué, du lac magique !

Ces hordes de Ba-kalai se sont donc répandues dans toutes les parties difficiles et giboyeuses se prêtant mal à la culture des bananiers et du manioc ; un groupe compact a trouvé le moyen de s'intercaler au milieu des Ba-vili dans les monts Ashonkolo, qui bordent au Sud le lac Zonangué[1] et dans le bassin supérieur du Rhembo Nkomi ; d'autres clans se sont lancés vers l'Est dans la direction de l'Ofôoué et du Haut-Ogôoué.

Sous la pression des Pahouins, les Ba-pingi et les Eshira ont dû également émigrer vers le Sud et abandonner le Moyen-Ogôoué, pour renforcer leurs frères du Haut-Ngounyé. Les Ba-pingi qui, partis en second lieu, avaient dû se tailler une place entre les Eshira Kamba et les Eshira Ba-pounou, avaient laissé entre l'île d'Alembé et Lopé un petit îlot ethnique ; en 1874, cet îlot comprenait encore 700 ou 800 individus[2], occupant 8 ou 10 villages[3] ; en 1881, ils ne comptaient plus que 3 villages[4] ; en 1893, leurs deux derniers villages[5] se sont réfugiés sur le territoire de leurs cousins les Okandé, parmi lesquels ils se sont fondus.

---

[1] Mentionnons à titre de curiosité les renseignements donnés à Serval par un Eshira et d'après lesquels on trouverait, sur le versant oriental de ces montagnes, des peuples *Caca*(?) et *Paddi*(?) aux pieds fourchus comme le sabot d'un solipède. Du Chaillu dit également avoir entendu parler des *Sapadi* aux pieds fourchus, mais il croit qu'il s'agit de Négrilles.

[2] De Compiègne.

[3] De Brazza.

[4] Guiral.

[5] Barrat.

Les Ba-kota de l'Ouest, trop faibles pour résister aux Pahouins, trop peu nombreux pour entreprendre un aussi long exode que les Eshira et d'ailleurs attachés au fleuve dont ils tirent leur subsistance, avaient suivi l'exemple de ces Ba-pingi ; ils durent se laisser enserrer entre les Be-fan et les Ba-kalai. Cependant, ils occupaient encore sur la rive droite de nombreux villages, dont on montra les ruines à Lenz en lui disant qu'elles ne dataient que d'une dizaine d'années [1].

XV. Origine des Ba-kota de l'Est.

A l'Est des Pahouins, s'effectuait à la même époque et dans le même sens une importante migration de tribus notablement différentes, mais formant un groupe aussi homogène et peut-être aussi nombreux. C'étaient les *Ba-kota de l'Est*, *Ba-mbemba*, *Mi-mbété*, dont la marche fut signalée à Serval. A cette époque, ils n'étaient pas encore arrivés à l'Ogôoué, car les indigènes qui ont énuméré à du Chaillu les peuplades habitant le haut fleuve du Nord au Sud ne lui ont cité que les noms suivants : Me-wangi, M'oshebo, M'adouma, Ba-njavi, Ba-povi et encore une fois M'oshebo [2].

D'où venaient ces envahisseurs? Quelle était la cause déterminante de leur mise en marche ? D'après les investigations de Burton, Pahouins et Ba-kota étaient poussés par un autre flot de populations, qu'il énumère ainsi en allant de l'Ouest à l'Est: Bâti, Okânâ, Yéfâ, Sênsoba. Ces noms sont impossibles à identifier, sauf en ce qui concerne les Ba-ti, tribu nyong, aujourd'hui fixée sur le Mbam, près de Ngaoundéré, mais les découvertes modernes nous apportent une réponse plus satisfaisante [3].

[1] *Reise auf dem Okandé.*

[2] Les esclaves, informateurs du Rév. S. W. Koelle, lui ont parlé des Ba-mbemba, des Mi-mbété et des Mi-ndassa (clan des Ba-kota), mais en termes bien confus ; les capitales Bandsoumbo, Akwara ont disparu ; la rivière navigable Lebagni ou Nyali porte un nom générique ; la rivière Bambaya ne peut être non plus identifiée ; cependant nous y voyons que les Mi-mbété sont dans la première moitié du xix° siècle à cinq jours de marche à l'Est des Ba-mbemba, et que les uns et les autres sont séparés des Ba-téké par un mois de marche, soit 400 à 500 kilomètres ; les Mi-ndassa sont à quatre jours des Ba-téké, à un jour des Ba-ngomo, à dix jours de la mer. Guiral fait venir les Ba-mbemba du fabuleux lac Liba (même radical que le Lebagni). *Ba-mbemba* paraît signifier les «Rouges», *Ba-kota*, les «Grands».

[3] Ed. Poxel, la Haute-Sangha (*Bull. Soc. géog.*, 7° série, t. XVII, 1896.

Les Ba-kota habitaient au commencement du xix° siècle le bassin de la Haute-Sangha, à côté des Pahouins, qu'ils semblent d'ailleurs avoir précédés; ils étaient pressés en arrière par les *Baya*, les «Rouges» que les autres indigènes appellent *Ndéré* ou *Ndry*, parce que cette interjection (*ndry-ndry*) revient fréquemment dans leur conversation.

Les Baya montagnards tendaient surtout à s'étendre vers le Nord et le Nord-Ouest, où ils avaient à faire aux Foulbé musulmans; ils laissaient donc les Ba-kota et les Bé-fan libres possesseurs du sol; mais, vers 1830, un de leurs clans les plus importants, les Yanghéré, chassé du bassin du Wahm pour une raison encore inconnue, pénétra dans la région comprise entre la Mambéré et la Kadéï; voyant leur marche vers l'Ouest barrée par les Foulbé, les Yanghéré descendirent au Sud en suivant le cours de la Batouri, où ils s'établirent, arrêtés par la forêt et le cours profond de la Kadéï, non loin de Koumaza, centre de dispersion des Pahouins.

Une tribu okota, les Goundi, placée en dehors de cette invasion, resta sur la Mambéré, mais les autres durent se mettre en marche vers le Sud; quelques-uns cependant se maintinrent dans les îles de la Mambéré et de la Kadéï, où ils prirent le nom de *Ya-pana* ou de *Pandé* (du mot *pana* = île).

XVI. La Gabonie en 1874.

De 1864 à 1874 [1], le flot pahouin et okota continue à s'étendre vers le Sud.

p. 191-192). — F.-J. Clozel, *Les Bayas*, notes ethnographiques et linguistiques. Paris, 1896.

[1] Pour cette période de dix ans, consulter: D' P. Güsslelot, Bericht über eine Reise an die Nhanga (*Ztsch. d. Gesellsch f. Erdkunde z. Berlin*, t. X, 1875, p. 142-159 et 161-181). — P.-B. du Chaillu, *A journey to Ashango-Land*. Lond., 1867. — P.-B. du Chaillu, *L'Afrique sauvage* (traduction du précédent), Paris, 1868. — Fleuriot de Langle, Aperçu historique sur les reconnaissances faites par les officiers de la marine française au Gabon et dans les pays voisins de 1843 à 1868 (*Ann. des Voy.*, sept. 1868, p. 257-270). — Aymès, Résumé du voyage d'exploration de l'Ogôoué en 1867 et 1868 (*Bull. Soc. géog.*, juin 1869, p. 417-433). — Aymès, Exploration de l'Ogoway, recherches géographiques et ethnographiques sur le bassin du Gabon (*Rev. mar. et col.*, avril et mai 1870, p. 525-561 et 54-73). — R.-B.-N. Walker, Relation d'une tentative d'exploration en 1866, de la rive de l'Ogové (*Ann. des Voy.*, janv. et févr. 1870, p. 59-80 et

Dans le voisinage de la côte, les modifications sont assez peu sensibles grâce à l'appui que les indigènes y tirent de leurs relations commerciales avec les blancs, grâce aussi à leur situation obligée d'intermédiaires avec les tribus de l'intérieur. C'est ainsi que restent inentamés les Enenga et les Galoa, qui possèdent sur leur territoire des factoreries; c'est ainsi encore qu'en 1873 un traitant sénégalais empêche les Pahouins de franchir le lac Azingo, qui les sépare des Adjoumba.

Mais en même temps, les vices que les populations côtières ont contractés au contact de la civilisation, diminuent rapidement leur nombre : les Oroungou ne sont plus que 3 à 4,000, les Nkomi un peu plus, les Galoa 10,000, les Boulou une poussière de sauvages errant dans les bois [1].

Par contre, le flot pahouin continue à monter autour de nos établissements, balayant devant lui les clans ba-kalai : en 1865, ils avaient envoyé à Libreville une députation pour demander l'autorisation de s'établir dans notre voisinage ; en 1867, ils y étaient déjà 60,000 [2] et ils comptaient 53 villages sur la seule rivière Rhamboé [3] ; en 1874, leur nombre avait triplé et ils avaient atteint la mer au Sud du Gabon, coupant les Oroungou des Mpongwé du roi Denis [4].

D'ailleurs, l'augmentation rapide du nombre des Bé-fan est due, non seulement à une constante émigration, mais aussi à l'excédent des naissances, car les femmes se mariant plus tardivement sont aussi beaucoup plus fécondes que les femmes mpongwé et benga [5].

120-144). — R.-B.-N. WALKER, Letter on a journal up the Ogowé river (*Proceed. of the Rog. geogr. Soc.*, vol. XVII, 1873, p. 354-355). — HEDDE, Notes sur les populations du Gabon et de l'Ogoway, 1868-1869 (*Bull. Soc. géogr.*, 6ᵉ série, t. VII, févr. 1874, p. 193-198). — DU QUILIO, Voyage dans l'Ogoway (*Rev. mar. et col.*, avril 1874, p. 5-26). — DE COMPIÈGNE et MARCHE, Voyage dans le Haut-Ogôoué, de la pointe Fétiche à la rivière Ivindo (*Bull. Soc. géogr.*, 6ᵉ série, t. VIII, sept. 1874, p. 225-339). — DE COMPIÈGNE, *L'Afrique équatoriale. Gabonais, Pahouins, Gallois.* Paris, 1875. — DE COMPIÈGNE, *L'Afrique équatoriale. Okanda, Bangouens, Osyeba.* Paris, 1875.

[1] Du Quilio. Le nombre des Boulous, évalué à 3,000 en 1861 par Braouëzec, n'était plus que de 2,000 en 1884 d'après M. Payeur-Didelot.

[2] Fleuriot de Langle.

[3] Hedde.

[4] De Compiègne.

[5] E. RECLUS, *Nouvelle géographie universelle*, t. XIII, p. 113.

En amont de Ndjolé, la marche des Pahouins avait été moins
rapide, sans doute parce qu'elle n'avait pas été accélérée par l'at-
trait des factoreries européennes ; au moment du passage de M. de
Brazza, leurs premiers villages dans cette direction n'avaient pas
dépassé le cours supérieur de l'Abanga, et quelques-uns de leurs
chasseurs seulement osaient s'aventurer dans la zone désertée par
les Ba-kalai, zone qui s'étend sur la rive droite de l'Ogôoué depuis
Zorocotcho jusqu'à 200 milles en amont, sur la rive gauche de
Samkita à l'île Kamba, où se trouve le premier village okota.

Malheureusement, au contact des Gabonais et des Galoa, les
Pahouins commencent à se transformer, pas toujours à leur avantage ; si l'on constate déjà chez eux une tendance à renoncer au
cannibalisme, on les voit aussi renoncer à la monogamie et se procurer des femmes esclaves. Ce changement dans les mœurs correspond à une révolution dans le costume et l'armement : le Pahouin
abandonne le tablier de peau ou d'écorce, le bouclier en peau
d'éléphant, l'arbalète, la lance, les sagaies, les trombaches pour
adopter le pagne, le fusil à pierre et le sabre d'abatis [1].

Nous avons dit que les Ba-kalai avaient évacué à peu près complètement la rive droite de l'Ogôoué ; ils avaient cependant, encore
en 1868, sur le Rhamboé, presque autant de villages que les
Pahouins [2] ; fuyant la civilisation qui chasse le gibier, ils s'étaient
répandus dans les zones désertes de la boucle de l'Ogôoué, sur le
moyen fleuve entre les Ba-kota et les Okandé, sur le haut fleuve
vers Franceville, dans le Haut-Ofôoué, où ils avoisinent les Cimba,
les Kona, les Shibé. Un groupe important comprenant de grosses
agglomérations était resté sur la rive droite de l'Ogôoué entre
Samkita et la pointe Fétiche, mais il se composait d'indigènes dont
le voisinage du fleuve et des factoreries avait profondément altéré
les caractères nationaux ; les chasseurs nomades étaient devenus
agriculteurs et pagayeurs ; ils tendaient de plus en plus à se sub-
stituer aux Galoa comme intermédiaires commerciaux [3].

Dans le Haut-Ogôoué, les Osyeba n'ont pas rencontré les obsta-
cles qu'ont trouvés les Be-fan du bas fleuve et du Gabon ; grâce aux
fusils qu'ils ont reçus de leurs frères de l'Ouest par la voie du

[1] De Brazza.
[2] Hedde.
[3] De Compiègne.

Como, ils ont repris le dessus sur leurs ennemis les Okandé, et les ont refoulés sur la rive droite, ainsi que les Ba-kota de l'Ouest; en amont de l'Ofôoué, ils ont même franchi le fleuve dont ils occupent les deux rives sur huit à dix jours de marche, interrompant ainsi d'une façon absolue toute relation entre les Okandé et les M'adouma; ce passage, qui date de 1869 d'après M. de Brazza, de 1872 d'après le marquis de Compiègne, a été effectué au moyen de radeaux de *combo-combo* [1], les Osyeba, comme nous l'avons vu, ne connaissant pas les pirogues. Les Shaké ont profité de la voie qui leur était ouverte et suivi le mouvement; ils se sont répandus sur la longue presqu'île entre Lolo et Ogôoué et ont poussé leurs avant-gardes jusqu'à l'Ofôoué [2].

Les Okandé, d'ailleurs, n'étaient pas susceptibles de résister à ces envahisseurs : la race est belle, intelligente et industrieuse, mais indépendamment du fait qu'elle vivait divisée sous l'autorité de 8 ou 10 chefs, elle était fort réduite en nombre; en 1875, elle ne comprenait plus que 2,000 individus de race pure, environ 3,000 ou 4,000 têtes avec les esclaves [3]. Cette diminution est due à une loi sociale bonne dans le principe, mais fâcheuse dans ses conséquences : il est interdit aux femmes d'avoir plus d'un enfant en trois ans; cette mesure a été imposée par les féticheurs dans un but de préservation sociale et de protection de l'enfance (l'allaitement se poursuit très tard chez les nègres), et de fait elle a eu d'excellents résultats en ce qui concerne le développement physique de la race, d'autant plus que les Okandé, à cette époque, étaient encore endogames, mais en même temps qu'elle encourageait la polygamie, elle provoquait les avortements et la limitation volontaire de la natalité bien au delà des bornes prévues.

Les explorations de du Chaillu, Walker et du marquis de Compiègne précisent la répartition des tribus à cette époque dans le Ngounyé : en aval des chutes Samba, les Ba-kalai occupent la rive gauche, les Ba-vili la rive droite; le district des chutes est peuplé sur les deux rives par les Iveïa; en amont sont les Eshira, limités à l'Est du côté de l'Ofoubou encore par les Ba-kalai; puis viennent les A-koua, tribu dite d'origine shekiani et probablement négrille

---

[1] *Musango Smithii.* Le bois, quand il est sec, est plus léger que le liège.
[2] Marche.
[3] De Brazza, Lenz.

qui s'interpose entre les Eshira et les M'achango; enfin, les M'achango qu'on retrouve encore derrière les M'itchogo, dont ils sont séparés par la rivière Odiganga, touchent aux Ba-njavi vers la haute Lolo.

Les renseignements recueillis auprès des indigènes par Walker, les docteurs Lenz et Ballay, le marquis de Compiègne, MM. Marche et de Brazza nous fixent aussi, quoique d'une manière moins précise, sur les populations habitant à cette époque l'Ofôoué, la Lolo et le Haut-Ogôoué.

En remontant l'Ofôoué, on rencontre d'abord des villages appartenant aux Okandé Achouka; plus haut, à deux jours du confluent, sont des Okandé Cimba (4 villages) et une colonie de nains Obongo; enfin, sur la rive droite, des Okandé Kona, voisins des Ba-pobi vers l'Est, et plus haut encore des Ba-ngoué, des Ba-pobi et des M'ashango sur les deux rives [1].

En remontant la Lolo, on trouve des Ba-ngwé, des Osyeba, puis des Shaké sur la rive gauche, des Mé-wangi sur la rive droite, des Ekoutoukou (?), des Ba-njavi, qui occupent tout le cours moyen de la rivière et confinent à l'Ogôoué; enfin des Ba-pobi, qui se relient à ceux de l'Ofôoué [2].

En remontant l'Ogôoué, on rencontre, de l'Ivindo à Doumé, des Ba-ngwé, des Osyeba, des Shaké [3], des M'adouma; à partir de Doumé, s'échelonnent, sur la rive gauche, les Mé-wangi, les Banjavi, les Andjiani, les Mi-ndoumbo et les Ba-téké, qui sont les maîtres du fleuve à hauteur de la chute de Poubara; sur la rive droite, les Ba-mbemba, les Ba-kota, les Mi-mbété. La rivière Libombi est habitée par les Awombo [4].

De cette sèche énumération de tribus, il n'y a que deux choses

[1] Lenz, Marche.

[2] Ballay, Marche, Lenz. D'après les renseignements fournis à ce dernier, il y aurait dans le bassin supérieur de la rivière des gens très mauvais, les *Okouaboundouba*, qui dorment le jour et travaillent la nuit; il s'agit probablement de Négrilles, comme l'indique le radical *Okoua*.

[3] Bien que Lenz rapproche le langage des Osaka ou Shaké de celui des Bakalai (*Reise vom Okandeland*, etc.), ce sont en réalité des Pahouins; il n'y a pas le moindre doute à cet égard; ils ont des Pahouins le physique, le moral, les mœurs, le langage (Payeur-Didelot) et les caractères crânologiques (Hamy). Quant à leur ethnique véritable, il est encore inconnu; le nom de *Shaké*, qui signifie «esclaves», leur a été donné évidemment par des voisins rancuniers.

[4] De Compiègne, Lenz, de Brazza, Marche.

à retenir : d'abord et surtout le fait que le flot okota vient d'atteindre le fleuve en amont de Doumé et ne l'a pas encore franchi ; en second lieu, l'importante réduction du territoire des Ba-njavi, qui au début du siècle s'étendait à ce qu'il semble, sur tout le massif montagneux entre Ngounyé et Ogôoué.

XVII. La Gabonie en 1884.

De 1874 à 1884 [1], il n'y a pas de changements importants dans la répartition des races sur notre territoire, et cela est dû, au moins en partie, à l'établissement de notre autorité sur un plus grand nombre de points. L'élan de la vague pahouine est amorti, et, si cette race envahissante progresse encore, c'est par l'infiltration de familles isolées dans des milieux en pleine décadence.

L'absorption des Galoa du Bas-Ogôoué est, à cet égard, un exemple typique : Nkombé, le Roi-Soleil, avait su les grouper sous son auto-

[1] Consulter pour cette période : Lenz, Reise auf dem Ogowe in West-Afrika (*Petermanns Mitth.*, 1875, Heft 4, p. 121-130). — Lenz, Reise auf dem Okande in West-Afrika (*Zschr. d. Gesellsch. f. Erdkunde z. Berlin*, t. X., 1875, p. 236-275). — Lenz, Reise vom Okandeland bis zur Mündung der Schebeflusses (*Mitth. der K. K. geog. Gesellsch. in Wien*, t. XX, 1878, p. 457-483 et 505-527). — Lenz, Lettres et rapports divers (*Correspondenzblatt d. afrikanischen Gesellsch.*, 1876, n°⁸ 16, 19 et 20; 1877, n°⁸ 21 et 22. - *Verhandl. d. Gesellsch. f. Erdkunde*, 1876, n°⁸ 9 et 10; 1877, n°⁸ 2 et 3. - *Mitth. d. K. K. geog. Gesellsch. in Wien*, t. XXIX, 1876, n° 1). — Marche, Journal (*Explorateur*, 1876, n° 74, p. 2 et 3). — Marche, Notes sur le voyage à l'Ogôoué (*Bull. Soc. Géog.*, 6° série, t. XIV, 2° sem., 1877, p. 393-404). — Marche, Les peuples riverains de l'Ogôoué (*Rev. géog. internat.*, 1877, n° 25, p. 273-276). — Marche, Voyage au Gabon et sur le fleuve Ogôoué (*Tour du Monde*, t. XXXVI, 2° sem. 1878, p. 369-416). — S. de Brazza et Ballay, Expédition sur les cours supérieurs de l'Ogôoué, de l'Alima et de la Licona (*Bull. Soc. Géog.*, 6° série, t. XVII, 1ᵉʳ sem. 1879, p. 113-144). — S. de Brazza, Voyage dans l'Ouest africain (*Tour du Monde*, t. LIV, 2° sem. 1887, p. 289-336, et t. LVI, 2° sem. 1888, p. 1-64). — S. de Brazza, Lettres et rapports divers (*Bull. Soc. Géog., Explorateur, Boll. della Soc. géog. italiana*) rassemblés dans les deux ouvrages suivants : Neuville et Bréard, *Les voyages de Savorgnan de Brazza. Ogôoué et Congo (1875-1882).* Paris 1884; — N. Ney, *Conférences et lettres de P. Savorgnan de Brazza sur ses trois explorations dans l'Ouest africain de 1875 à 1886.* Paris, 1887. — H. Rillot, Jacques de Brazza au Congo (*Gazette géog.*, Nouv. série, t. XXIV, 1887). — Dutreuil de Rhins, *Le Congo français.* Paris, 1885. — L. Guiral, *Le Congo français.* Paris, 1885. — Fourneau, Lettre de Bôoué (*Bull. Soc. Géog.*, 1885). — Payeur-Didelot, *Trente mois au continent mystérieux. Gabon, Congo et Côte occidentale d'Afrique (1883-1886),* Paris, 1899.

rité par son énergie et la communauté des intérêts commerciaux;
chaque année, il conduisait chez les Okandé, de concert avec les
Enenga, un convoi de pirogues dans le but d'échanger les mar-
chandises européennes contre l'ivoire et les esclaves. Après sa mort,
survenue à la fin de 1873, le lien social fut rompu; les Galoa
continuèrent à adjoindre quelques pirogues au convoi des Enenga,
que dirigeait toujours leur vieux roi aveugle Rénoké, mais ce mouvement même s'arrêta et la nation galoa, en pleine décomposition,
fut envahie rapidement par les Pahouins, qui ne lui laissèrent que
quelques enclaves autour des établissements européens.

Par contre, la création d'un poste militaire à Lambaréné, le voisinage des factoreries de plus en plus nombreuses, l'érection de
missions catholiques et protestantes, dont les écoles diffusèrent
l'instruction, modifient d'une manière heureuse les habitudes barbares de ces peuplades; si la nation disparaît, l'individu s'amé-
liore; dès 1881, les commerçants étaient très heureux d'employer
les Galoa comme traitants, et aujourd'hui ce sont de précieux auxi-
liaires pour la francisation du pays.

Dans le Como et le Gabon, les Ba-kalai ont été soumis au même
phénomène d'absorption; à la même époque, ils ne comptent plus
au nord de l'Ogôoué, indépendamment du petit groupe qui subsiste
au sud du Mouni, que deux ou trois villages près du lac Aningo et
le village de l'île Ningué-Ningué [1] dans le Como. Mais, au sud du
fleuve ils se sont multipliés, notamment entre Samkita et Ndjolé,
vis-à-vis des Fan, qui ont peuplé la rive droite de nombreux villages; la zone déserte que nous avons signalée dans cette région
dix ans auparavant a donc disparu.

Plus en amont, un courant impétueux d'Osyeba, qui ont com-
mencé à déboucher par l'Okano en 1876, a submergé à peu près
complètement les Ba-kota de l'Ouest et les Yalimbongo; réfugiés
dans les îles de l'Ogôoué, où ils ne possèdent plus respectivement
que trois et huit villages, ils sont réduits, pour vivre, à la pêche
et au pillage des épaves [2].

Les Okandé au contraire, grâce à notre appui, ont repris le dessus sur les Osyeba; non contents de desserrer leur étreinte en leur

---

[1] Je m'excuse du double pléonasme : *ningué* signifie «île»; mais l'expression
est devenue courante.

[2] De Brazza, Barrat, Guiral, Payeur-Didelot.

tuant beaucoup de monde et en les éloignant de la rive droite, ils
leur ont enlevé un grand nombre de femmes, et renonçant à leurs
vieilles coutumes d'endogamie, ils ont ainsi conjuré la rapide décroissance de la population [1]; cependant le nombre des individus
de race pure, que nous avons vu évaluer à 2,000 en 1875, était
tombé, en 1885, à 1,500, répartis dans 60 villages [2]. Depuis, les
Okandé ont toujours su garder cet ascendant; ne recevant plus
les convois des Enenga et des Galoa, ce sont eux qui descendent
chaque année par pirogues à Ndjolé, et personne n'oserait les mo-
lester en route.

Les Osyeba avaient, en 1881, à peu près complètement déserté
le fleuve dans la région voisine des Okandé; ils n'y occupaient plus
qu'un groupe de villages à l'embouchure de l'Okano, un village au
pied de l'Otombi, un autre groupe en face de Bôoué, les trois villages de Bonno un peu en amont, quatre villages entre l'Ivindo et
le gros centre osyeba-shaké de Zabouré; les villages du Bas-Ivindo
avaient été également abandonnés [3]. Depuis, les Fan sont revenus,
mais seulement grâce à l'intervention des autorités françaises [4] et
aussi à l'établissement des factoreries de la Société du Haut-
Ogôoué.

Dans la région plus à l'Est, la longue théorie okota a poursuivi
sa marche vers le Sud, et, après avoir franchi le fleuve entre Doumé
et Franceville [5], elle a poussé par les vallées du Liboumbi et du
Louétié ses têtes de colonne, qui, en 1883, n'étaient éloignées
du Kouilou que de deux jours de marche [6]. Mais cette conquête est
purement pacifique : les Ba-kota se contentent d'occuper les terres
disponibles [7].

Par contre, leurs frères de l'Est, les Ba-mbemba, qui ont des
établissements nombreux et bien peuplés en amont de la rivière
Sébé, guerroient sans cesse contre les débris de la famille andjiani;
en 1876, ils étaient groupés sous l'autorité d'un seul chef du nom

---

[1] Guiral.

[2] Fourneau. Avec les esclaves, le nombre des Okandé atteignait 2,500 à 3,000
individus (Payeur-Didelot).

[3] Guiral.

[4] Guiral, Fourneau.

[5] En 1881, ils ne possédaient en amont de Doumé que quatre villages
(Guiral).

[6] Mizon.

[7] Barrat.

de Djaïm; Libossi, Liboumbi, Mouéli et Licoumbo, ses alliés ou parents, exerçaient une autorité réelle sur toute la région et reconnaissaient sa suprématie; après sa mort, les Ba-mbemba sont devenus indépendants, mais ils se groupent encore pour les opérations de guerre et de pillage; traversant l'Ogôoué, ils brûlent tous les villages et ramassent toutes les femmes, tous les enfants, pour en faire des esclaves. Terrifiés par ces pillards, les Me-wangi, les Mi-ndassa, les Awoumbo et les Ba-kaniké s'étaient primitivement réfugiés sur la rive gauche de la Passa et de l'Ogôoué; les Mi-ndoumbo, qui avaient cru pouvoir rester et se concilier leurs puissants voisins en leur donnant leurs filles en mariage, réussirent à garder la paix, mais furent submergés. Quant aux autres, poursuivis et traqués sur la rive gauche, ils disparurent à leur tour à peu près tous, sauf ceux qui trouvèrent un refuge dans les îles du fleuve (Nkoni, Mopoko, Doumba-Mayela) [1].

A côté des Ba-mbemba, l'on trouve aussi des Ba-kalai et des Ba-ngomo envahisseurs, qui se sont insinués partout et semblent s'accommoder de tous les voisins qui leur sont utiles, tout en les molestant [2].

XVIII. La Gabonie en 1894.

De 1884 à 1894 [3], les changements sont encore moins considérables.

Au nord du Gabon, les Benga, les Shekiani, les Kombé, acculés à la côte, n'occupent plus que quelques villages clairsemés, qui ne s'éloignent pas de la mer de plus de 500 mètres; en arrière, c'est la brousse, inhabitée sur une profondeur de un à trois jours de

---

[1] De Brazza. Les Ba-mbemba, comme les Pahouins, ne connaissent rien aux choses de la navigation (Payeur-Didelot).

[2] Barrat.

[3] Consulter pour cette période : Dutreuil de Rhins, Lettre (*Comptes rendus Soc. Géog.*, 1883, p. 490-492). — L. Mizon, Voyage de Paul Crampel au nord du Congo français (*Bull. Soc. Géog.*, 7ᵉ série, t. XI, 1890, p. 534-552). — A. Fourneau, De l'Ogôoué au Campo (*Bull. Soc. Géog.*, 7ᵉ série, t. XII, 1891, p. 190-215). — Berton, De Lastourville à Samba (*Bull. Soc. Géog. Commerc.*, t. XVI, 1894, p. 94-101, et *Bull. Soc. Géog.*, 7ᵉ série, t. XVI, 1895, p. 211-218). — M. Barrat, Ogôoué et Como (*Bull. Soc. Géog.*, 7ᵉ série, t. XVII, 1896, p. 154-187). — C. Cuny, De Libreville au Cameroun (*ibid.*, p. 337-363). — Baron, Rapports à la Société du Haut-Ogôoué (manuscrits inédits communiqués gracieusement par la S. H. O.).

marche, mais infestée par des coureurs osyeba; puis vient la masse serrée des villages pahouins, au milieu desquels continuent à se maintenir encore quelques villages de Ba-lengui qui ont adopté les coutumes et le genre de vie des envahisseurs. Par contre, les Ba-koko, clan qui formait l'avant-garde des Fan dans cette direction, se sont établis sur le rivage au milieu des Kombé, avec lesquels ils se sont fondus [1].

Dans l'estuaire du Gabon, les Pahouins turbulents sont devenus tellement nombreux qu'ils commencent à constituer un péril pour nos établissements; les rives du Como, et même les environs immédiats de Libreville sont devenus, pour l'Européen, plus dangereux que les contrées de l'intérieur, habitées par les tribus les plus sauvages [2].

La situation dans l'Ogôoué est stationnaire; cependant, la réduction du nombre des Ba-kota de l'Ouest, le départ des Ba-pingi chez les Okandé, l'éloignement des Osyeba, qui fuient les charges encourues par les indigènes sur notre ligne de convois administratifs, sont cause que la région entre Ndjolé et le mont Otombi est devenue à peu près entièrement déserte et parcourue seulement par quelques chasseurs, Bé-fan sur la rive droite, Ba-ngoué sur la rive gauche [3].

Les seuls changements importants ont eu lieu dans le Loango, mais d'essence politique ils ne doivent avoir d'effet ethnographique qu'à longue échéance.

Les compétitions européennes qui venaient de s'agiter autour de la possession du Kouilou avaient entraîné la disparition totale de ce qui subsistait encore de l'organisation jadis si forte du royaume loango. Quand les Belges et les Français cherchèrent à s'établir dans le pays, le Ma-Loango Mpouati venait de mourir, et l'assemblée des princes qui devait élire son successeur était divisée; elle finit cependant par s'entendre sur le choix d'un candidat qui fut reconnu par les Belges, tandis que les Français investissaient son concurrent; ce dernier choix ne fut pas ratifié par les chefs, et lorsque les Belges évacuèrent le pays, chaque gouverneur de province se déclara indépendant [4].

[1] Cuny.
[2] Agression de la mission Barrat, affaire de Foula Bifoun, etc.
[3] Barrat, Crampel, Fourneau.
[4] De Béhagle.

XIX. État actuel de la Gabonie.

Les dix dernières années qui viennent de s'écouler sont caractérisées par la disparition à peu près complète des races primitives, la fixation sous notre influence des envahisseurs et surtout le mélange des différents éléments ethniques qui tendent à se fondre en un type unique [1].

Les causes de disparition des aborigènes — j'emploie ce mot dans le sens relatif, bien entendu — sont les mêmes que partout ailleurs : alcoolisme, tuberculose, petite vérole noire, syphilis et corruption des mœurs avec son corollaire obligatoire, l'affaiblissement progressif de la natalité. Il est en outre, pour notre colonie, quatre éléments spéciaux de diminution de la population : l'émigration, l'usage du chanvre comme stupéfiant, l'épreuve du *mbondou* et la maladie du sommeil.

Les femmes gabonaises, dont la réputation de beauté, d'ailleurs justifiée, s'étend fort loin sur la côte, sont attirées au Kameroun dans un but assez peu avouable; les femmes eshira seraient, paraît-il, l'objet d'un trafic analogue. Les travailleurs fiottes, si vigoureux et si soumis, sont également drainés vers les colonies voisines où l'on cherche à les fixer en leur constituant un foyer, si bien qu'à Loango on ne trouve plus guère aujourd'hui que des enfants, des vieillards et des infirmes; le poids de la « charge », qui était de

---

[1] Consulter pour cette période : Bouysson, Lettres (*Comptes rendus Soc. Géog.*, 1897, p. 425-428 et 1898, p. 355-359). — A. Forêt, Le lac Fernand-Vaz. 1892-1897 (*Bull. Soc. Géog.*, 7ᵉ série, t. XIX, 1898, p. 308-327). — Fourneau, Rapport sur sa mission de la Sangha au Gabon (*Rev. col.*, 1900, n° 12, p. 681-707). — Oswald et Walsin-Laurent, Rapports à la Société du Haut-Ogôoué (manuscrits inédits communiqués gracieusement par la S. H. O.). — E. Jobit, Mission Gendron au Congo français. Explorations de la brigade Jobit. Du Gabon à l'Alima par le Ngounié (*La Géographie*, III, 1901, p. 181-192). — A. Loefler, Mission Gendron au Congo français. Notes sur la région comprise entre le Ngounié et l'Alima (*ibid.*, p. 193-196). — R. Avelot, Dans la Boucle de l'Ogôoué. Opérations de la brigade topographique de l'Ogôoué-Ngounié (*Bull. Soc. Géog. Commerc.*, t. XXIII, 1901, p. 126-141, et *Bull. Soc. Géog.*, Lille, octobre 1901). — Rouhaud, La moyenne Nyanga (*Bull. Soc. Géog. Commerc.*, t. XXIII, 1901, p. 393-400). — Régismanset, La colonie espagnole du Mouni (*Rev. col.*, 1900, n° 5). — Berthelot du Chesnay, Le pays de Makabana dans le Haut-Niari (*Bull. Soc. Géog. Commerc.*, t. XXV, 1903, p. 205-221). — E. Haug, Le bas Ogôoué (*Ann. de Géog.*, XIIᵉ année, 1903, p. 159-171).

35 et 4o kilogrammes, a dû être abaissé à 3o, 25 et même 20 kilogrammes.

L'épreuve du *mbondou*, qui décime nos sujets congolais sur une grande partie du territoire, paraît d'origine fiotte; elle a été décrite par Dapper dans le chapitre de Loango (xviiᵉ siècle). Mais actuellement elle est pratiquée aussi par les Eshira, les Galoa, les Nkomi, les Oroungou, les Okandé. Elle procède de la supposition qu'aucune mort ne peut avoir une cause naturelle, et que tout accident est provoqué par un ennemi employant soit des moyens directs, soit des conjurations magiques; le ou les coupables supposés sont donc soumis par le féticheur à une sorte de jugement de Dieu, qui consiste dans l'absorption d'une décoction de mbondou (*strychnos icaja*).

La coutume de fumer le chanvre indigène, nommé *liamba*, fait un peu partout des ravages, mais principalement chez les Eshira, dont le pays est le centre principal de production de cette plante enivrante.

Quant à la maladie du sommeil, qu'on sait aujourd'hui causée par l'introduction dans le sang et le fluide cérébro-spinal d'une espèce spéciale de trypanosomes, transmis du malade à l'homme par une variété de mouches tsé-tsé appelée *glossina palpalis*, elle a pris une extension rapide dans ces dernières années; d'abord localisée à la côte, elle gagne rapidement les régions de l'intérieur en suivant les voies commerciales les plus fréquentées.

Il nous est facile de constater les ravages produits par toutes ces causes de dépopulation en examinant la situation actuelle des tribus congolaises dans les parties les mieux connues.

Le long du littoral au nord de Libreville, on ne rencontre plus que quelques villages des anciennes tribus : à Bénito, à Batah, quelques Kombé et, entre ces deux points, les villages mo-langui de Borué et de Médouma; au nord, entre Batah et la rivière Otoundé, 5 villages bou-moudji (25o cases), 3 villages assouga (75 cases), 7 villages mosséki (2oo cases), et 2 villages bapoukou. De la rivière Outoundé à la rivière Campo, on trouve la tribu des Ohné (5 villages, 3oo cases) et les tribus boniko qui s'étendent d'Ohné au Campo. L'ensemble de ces anciennes tribus, même en y comprenant les Pahouins Ba-koko à demi civilisés, ne dépasse pas 1oo,ooo âmes[1].

(1) Regismanset, Bouysson.

Au sud du cap Saint-Jean, il n'y a plus que quelques villages ba-shéké près du poste de Boutika, sur le Mouni, et un autre village shéké à Sibangué, dans la Mondah; l'enclave benga du cap Esterias a disparu, et les Pères du Saint-Esprit viennent d'évacuer leur mission faute de paroissiens [1].

Dans le Gabon, les Mpongwé de race pure, les Ba-shéké et les Ba-kalai ont à peu près entièrement disparu; cependant, on constate un léger arrêt dans la décadence des premiers, qui, réduits à 3,000 en 1884, étaient revenus au nombre de 4,000 en 1900.

Dans le bas Ogôoué, le seul groupe ethnique encore un peu homogène est constitué par les Nkomi; restés inentamés jusqu'en 1888, ils formaient encore en 1897 un bloc de 20,000 à 25,000 individus de race à peu près pure, mais déjà 4,000 à 5,000 Pahouins se sont infiltrés au milieu d'eux [2]; ils ont même poussé des groupes assez importants jusqu'à Sette-Cama et au Fernand-Vaz [3]. Les Ajoumba sont stationnaires avec 7 villages et 600 âmes; les Galoa, quoique en rapide décroissance, comptent encore 4,000 âmes, mais les Enenga ne dépassent pas le nombre de 300; les Ba-vili ne comptent plus que 6 villages [4].

Enfin, mes observations personnelles me permettent d'affirmer que le nombre des Ba-kalai habitant la région entre l'Ofôoué et le Rhembo Nkomi est au plus de 25,000, alors que Wilson évaluait leur nombre à 100,000 il y a une cinquantaine d'années [5]. Les Pahouins les ont délogés à peu près complètement de la rive gauche du Ngounyé, en amont du confluent de cette rivière jusqu'aux chutes Samba; à Komadéké et dans les environs il y a 5,000 à 6,000 Pahouins pour 1,200 Ba-kalai [6]; sur l'Ofôoué, il n'y a plus que 5 villages ba-kalai [7].

Par contre, nous assistons, dans le voisinage de nos principaux établissements, à la transformation heureuse de la race pahouine

[1] *Ann. apostoliques* (octobre et novembre 1904).
[2] A. Foret, R.-P. Buléon.
[3] *Ann. apostoliques*. V. Largeau.
[4] E. Haug. Je n'ai pu trouver d'évaluation récente pour les Oroungou, mais Payeur-Didelot nous apprend que, de 4,000 en 1873, ils étaient tombés à 1,200 en 1884.
[5] Preston and Best, *Grammar of the Kele-Language*. New-York 1854. Préface par J.-R. Wilson.
[6] *Ann. apostoliques*.
[7] Chaussé.

qui se fixe, absorbe les éléments préexistants, et, renonçant à son
existence vagabonde de chasseurs, se transforme et commence à
s'adonner au travail régulier.

Libreville, par exemple, est devenu un noyau de 4,000 de ces
Néo-Gabonais; déjà la fondation du village d'affranchis qui donna son
nom à la capitale de nos établissements avait introduit des éléments
étrangers à la race mpongwé, éléments qui furent renforcés successivement par les Ba-shéké, les Ba-kalaï et les Pahouins; d'autres
éléments sont encore venus se greffer sur le tronc primitif en en
modifiant gravement le caractère : ce sont les miliciens sénégalais,
sou-sou, dahoméens, yakoma, les agents sierra-léonais, krou,
accra, natifs de Sâo-Thomé, les captifs de guerre soudanais, les
déportés indo-chinois [1] et surtout les Européens eux-mêmes qui
par les mariages «à la mode de Saint-Louis» ont multiplié le
nombre des mulâtres.

A Lambaréné et Ndjolé se sont formés des groupements encore
plus importants et aussi hétérogènes, mais où domine l'élément
pahouin, surtout à Ndjolé; la banlieue de ce dernier poste est
habitée par environ 10,000 indigènes [2].

Le seul point du territoire sur lequel se produise encore un dé-
placement ethnique notable, est la région entre Nyanga et Kouilou,
où notre influence vient à peine de s'établir. Les 5 tribus ba-kota
(Min-bama, Min-dassa, Min-domo, Min-bao, Min-douma) s'étendent dans l'angle formé par le Niari et le Louassié, qui restèrent
longtemps infranchissables pour elles, et dans les hauts bassins des
rivières Loumongo, Louvanda, Lalli et Mpoco; devant elles, les
Fiottes Ba-kouni, lâches et divisés, ont abandonné la forêt pour se
réfugier dans la savane, derrière le Niari et le Louassié; mais les
Ba-kota viennent de franchir le Louassié sur des radeaux ou des
pirogues volées, et, contournant la savane par le Nord, ont trouvé
là, une zone de forêts qui leur permettra d'atteindre le Mayombé

---

[1] L'influence de ces Indo-Chinois aura été très grande en ce qu'ils ont fait
connaître aux indigènes la valeur des cultures maraîchères; les concours agricoles
de Libreville en offrent des preuves très satisfaisantes. Mais elle n'apportera
aucune modification aux caractères anthropologiques de la nouvelle population;
en 1900, il n'y avait à ma connaissance à Libreville qu'un seul métis gabonais-
annamite.

[2] Renseignement verbal donné par le regretté M. de Roll de Montpellier, qui
commandait en 1899-1900 la région de l'Ogôoué.

et peut-être la côte. Si nous n'intervenons pas, c'est la destruction
à bref délai de toutes les populations ba-kouni de la rive droite du
Niari, et notamment des régions de Mganda et de Mzanda d'une
part et des hauts bassins des rivières Leboulou, Nkokando, Mpantou
d'autre part [1].

XX. Conclusions.

Les descendants des tribus qui occupaient le bassin de l'Ogôoué
antérieurement à l'arrivée des Pahouins et des Ba-kota de l'Est
ont vu leur nombre tellement diminuer qu'on ne peut l'évaluer
aujourd'hui à plus de 250,000 ou 300,000 individus. Les mesures
prises par l'administration, les efforts tentés par les missions catholiques et protestantes, la propagande pour le travail qu'ont entre-
prise les grandes sociétés commerciales ont contribué à enrayer
cette disparition rapide des premiers occupants du sol, mais leur
absorption totale par les envahisseurs est fatale. Le travail de civilisation entrepris n'aura cependant pas été inutile; il se fera sentir
sur la nouvelle race sélectionnée à la formation de laquelle nous
assistons en ce moment; dès à présent nous en pouvons constater
les bons effets : disparition de la traite, diminution très sensible
du cannibalisme, qui a disparu à peu près complètement du voisinage des établissements européens, et n'est plus pratiqué qu'en
cachette par quelques vieillards, atténuation des pratiques barbares
qui accompagnaient chaque décès d'homme libre, vulgarisation de
notre langue [2].

Appendice.

En raison des contradictions que j'ai relevées entre les dires des
voyageurs sur la parenté relative des tribus congolaises, je me suis
astreint à réunir le plus grand nombre possible de vocabulaires des
dialectes parlés dans notre colonie, afin de me faire une opinion
personnelle. J'ai consulté notamment les recueils de Koelle (*Polyglotta Africana*), de Compiègne (*Afrique équatoriale*), de Marche
(dans STANLEY, *Trough the dark Africa*), de Lenz (*Reise auf dem
Okande*), l'*Encyclopédie pahouine* de Largeau, les dictionnaires

---

[1] Berthelot du Chesnay.

[2] Dans le Gabon et le Bas-Ogôoué, il n'est pour ainsi dire pas de village où
l'on ne trouve au moins un ou deux indigènes parlant un peu le français.

mpongwé du P. Delorme et pahouin du P. Lejeune, les vocabulaires fiottes de Degrandpré (*Voyage à la côte occidentale d'Afrique*)
et du Dr Voulgre (*Congo français*)[1]; j'ai utilisé également mes
notes recueillies sur place, principalement en ce qui concerne les
dialectes akalai et makeï. J'ai recueilli ainsi les vocabulaires
de 35 dialectes parlés au Congo français, en même temps que je
faisais un travail analogue pour plus de 200 langues parlées par
les nègres et les Ba-ntou du reste de l'Afrique. Cela m'a permis un
travail de classification et de comparaison.

Le résultat de la classification est exposé dans le tableau qui
suit; pour permettre au lecteur d'en apprécier l'exactitude, je mets
également sous ses yeux un extrait des vocabulaires.

En ce qui concerne le travail de comparaison, j'ai vérifié ce fait
déjà connu que les idiomes du Congo français rentrent tous dans
la famille bantouo, mais j'ai cru voir, ce qui est nouveau, qu'ils
sont plus étroitement apparentés entre eux qu'avec les autres
membres de la même famille, exception faite cependant pour certains dialectes du Kameroun et de l'Albert-Nyanza. Par contre, ils
n'offrent absolument aucune analogie avec les langues nègres proprement dites; j'ai fait, toutefois, la curieuse constatation qu'un
certain nombre de radicaux étaient communs aux dialectes congolais d'une part, aux langues du Dahomey et de son hinterland
d'autre part, les grammaires étant d'ailleurs totalement différentes.
Ceci viendrait à l'appui de la théorie de H.-H. Johnston sur ce qu'il
appelle les Semi-Bantous.

[1] Je regrette de n'avoir pu me procurer les ouvrages suivants : CLARKE, *Spé-
cimens of dialectes.* — OLDENDORP, *Miss. Geschichte. Voc.* — J. L. WILSON, *Comparative vocabularies*, New-Haven 1849. — J. L. MACKEY, *Grammar of the Benga
Language*, New-York 1855. — M. PRESTON et J. BEST, *A grammar of the Bakala
lang. with vocabularies*, New-York, 1854. — R. P. BULÉON, *Vocabulaire eshira.*
— R. P. FERRÉ, *Vocabulaire français-kombé*, 1896. — R. P. DAHIN, *Vocabulaire
français-duma et duma-français*, Kempten. — R. P. REES, *Vocabulaire duma.* —
R. P. USSEL, *Petite grammaire de la langue fyote (dialecte vili)*, Loango 1888. —
R. P. DENOUEY, *Dictionnaire français-fyote (dialecte vili)*, Loango 1896. — R. P.
LE LOUET, *Dictionnaire français-fyote (dialecte de Landana)*, 1890. — R. P. VISSEQ,
Dictionnaire français-fyote (dialecte Sorongo), 1889. — R. P. PRAT, *Manuel de
langue tégé*, Brazzaville, 1904. — Cust (*Modern Languages of Africa*) m'a donné
l'essence de ceux de ces ouvrages publiés par les missionnaires américains.

RAMEAU NÉGRILLE.

Obongo. — Akoa. — Oaka. — Be-ku. — Ajongo. — Ba-binga. — Ba-djiri. — Ba-kolo. — Ba-jaka. — Ba-tenga.

RAMEAU BANTOU.

FAMILLES.	BENGA-AKALAI.				FAN (PAMOUINS).				
GROUPES.	BENGA.	KOMBÉ.	BAKÉLÉ (Boulou.)	AKALAI.	FOSG.	DZEM (DZINOU).	CHAKÉ.	BEDZI.	MAKEÏ (OSYEBA).
Sous-groupes, tribus et clans.	"	Molengui. Boumoudi. Moma. Moganda. Avonni (Ohné). Mavi. Boniko-Isemo. Ontemou. Bouicho. Oudemou. Igarra.	"	Ba-kalai. Ba-ngouen. Ba-ngomo.	Ba-koko. Yengon.	Kounabembé. Tsimbouré. Bangandou. Bomabasa. Dzandzama.	"	"	Bou-lé. Mékouk-boulé. Mékouk.

RAMEAU BANTOU. (*Suite.*)

| FAMILLES. | OKANDÉ. | | | FIOTTE. | | | | | |
GROUPES.	MPONGWÉ.	ASHIRA.	OKANDÉ.	OKOTA de l'Ouest.	ADOUMA.	NTÉKÉ.	OKOTA de l'Est.	FIOTTE.	ABZIANI.
Sous-groupes, tribus et clans.	Mpongwé. Oroungou. Nkomi. Galoa. Adyoumba. Pangié (1).	Eshira-Kamba. Eshira-Tando. Eshira-Ngozei. Ba-pouno. Ashango.	Okandé. Kona. Cimba. Shibé. Ichogo. Mpovi. Apingi.	Okota. Yalimbongo. Moshebo. Enenga (2),	Adouma. Awangi. Njavi.	Ntéké-Akwo. Ntéké-Njair. Tsaya. Achicouya. Ba-Bali.	Ndassa. Mbama. Ndomo. Mbao. Ndouma. Pandé. Mbamba. Mbété.	Loango. Mayombé. Kabinda. Kama (3). Iveïa. Ivili. Soundi. Yaka. Bouendé. Siaka. Loumbo. Kouni.	Ndoumbo. Akaniké. Awoumbo.

(1) Les Pangié ont disparu. — (2) Les Enenga ont adopté les mœurs et le langage mpongwé. — (3) Les Kama ont été absorbés par les Nkomi.

TABLEAU COMPARATIF DE 35 DIALECTES DU CONGO FRANÇAIS ET DE 11 AUTRES LANGUES AFRICAINES.

	DÉSIGNATION.	UN.	DEUX.	TROIS.	QUATRE.
NÉGRILLES.	Akoa (Ogôoué)	mpoko.	bali.	tato.	na.
	Oaka (Ogôoué)	boko.	wouma.	motadi.	kongoli.
	Obongo (Ngounyé)	mwa.	beï.	metato.	djimabongo.
	Akoua (Arouhimi)	*kadi.*	*ibar .*	*saro.*	*zinna.*
PAHOUINS. FAMILLE BENGA-AKALAI.	Benga	poko.	ibale.	ilale.	inaï.
	Kombé	boko.	beba.	elalo.	ninaï.
	Shéké (Boulou)	woté.	biba.	bidaz.	bineï.
	Akalai (Como)	woto.	beba.	ralé.	naya.
	Akalai (Ngounyé)	ikwoto.	beba.	bilali.	benaï.
	Akalai (Ikoï)	oto.	meba.	belal.	benaï.
	Akalai (Ofôoué)	woto.	biba.	bilali.	finaï.
	Dwalla (Kameroun)	*iwo.*	*beba.*	*belaro.*	*beneï.*
	Fan Bedzi	mbori, fo.	bé.	la.	né.
	Fan Makeï (Osyeba)	foc.	bé.	la.	né.
	Fout (Nigeria-Kameroun).	*fog.*	*bé.*	ra.	*nyi.*
FAMILLE OKANDÉ.	Mpongwé	mori.	mbani.	raro, ntcharo.	naï.
	Oroungou	more, moshi.	mbani, baï.	raro, ntsearou.	naï, ina.
	Adyoumba	mori.	mbani.	araro.	naï.
	Nkomi	mori.	mbani.	raro.	naï.
	Galoa	//	//	//	//
	Ashira-Ashango	moshi.	beï.	irero.	irano.
	Okandé-Apingi	moti, poke.	bali.	tato, eato.	naï, na.
	Shibé	mpoko.	bali.	tato.	na.
	Mpovi	//	//	//	//
	Ichogo	mpoko.	mbani.	tsharo.	inaï.
	Mossi (Soudan)	*iemboré.*	*ibou.*	*tabo.*	*nasi.*
FAMILLE FIOTE.	Okota de l'Ouest	poko.	bali.	tato.	naï.
	Yalimbongo	mpoko.	mbâli.	tâto.	naï.
	Oshebo	mo, poko.	yolé.	satou, nshala.	naï.
	Adouma-Awangi	mo.	yoli.	eato.	na.
	Njavi	mo.	byoli.	bitato.	bina.
	Ntéké	kemo.	byélé.	bitet.	bina.
	Tsaya	moumo.	bol.	batet.	bans.
	Wahouma (Haut-Nil)	*kim.*	*kabili.*	*asato.*	*kané.*
	Okota de l'Est (Ndassa).	moko.	myolo.	misatou.	minaï.
	Mbamba	kemos, emo.	byélé.	bitaté.	biya.
	Mbété	momo.	myol.	mitatou.	mina.
	Bouma (Congo-Kwango).	*momos.*	*ywol.*	*batet.*	*ana, iya.*
	Loango	meze, mweka.	wali, byolé.	tatou.	na.
	Mayombé	moz, mozi.	wali, woalé.	tatou.	iya.
	Kabinda, Kakongo.	*bosa, dsos.*	*kwali.*	*tatou.*	*nna.*
	Bwendé	mosi.	myolé.	mitato.	miya.
	Soundi	*mosi.*	*zolé.*	*tatou.*	*iya.*
	Congo	*moshi.*	*izolé.*	*tatou.*	*maya, kiya.*
	Angola	*mos.*	*kat.*	*tatou.*	*wana.*
	Swahéli (Zangusbar)	*moyi.*	*mbiri.*	*tato.*	*ena.*

TABLEAU COMPARATIF DE 35 DIALECTES DU CONGO FRANÇAIS
ET DE 11 AUTRES LANGUES AFRICAINES. (Suite.)

DÉSIGNATION.	CINQ.	SIX.	SEPT.
Négrilles. Akoa (Ogôoué)	ta.	motôba.	nàpo.
Oaka (Ogôoué)	mongobi.	diata.	mendjeiba.
Obongo (Ngounyé)	djio.	samouna.	nshima.
Akoua (Arouhimi)	*itano.*	*moutouba.*	*kitanaï.*
Pahouins. Famille Benga-Akalai. Benga	itani.	embwedi.	lwambe.
Kombé	betan.	mosoba.	mosoba ni boko.
Shéké (Boulou)	bitan.	bitan aï wole.	bitan e ba.
Akalai (Como)	tané.	tané yiwoto.	tané balé.
Akalai (Ngounyé)	bitani	bitani na yewoto.	bitani na biba.
Akalai (Ikoï)	betan.	bétan éné oto.	betan éné méba.
Akalai (Ofôoué)	bitani.	bitani na yewolaou.	bitani na biba.
Dwalla (Kameroun)	*betanou.*	*moutowa.*	*samba.*
Fan Bedzi	tan.	sam.	nzangwaï.
Fan Makeï (Osyeba)	tan.	shama.	wolo, zangwa.
Fout (Nigeria-Kameroun).	*tau.*	*tafog.*	*tabé.*
Famille Okandé. Mpongwé	ntyani.	orôwa.	orwagenon.
Oroungou	atani, ntanou.	orôwa.	orwagenon', orowano.
Adyoumba	atani.	orôwa.	orôwagenon.
Nkomi	tani.	rwa.	rwagénon.
Galoa	//	//	//
Ashira-Ashango	samano.	inana.	kambo moshi.
Okandé-Apingi	ota.	motoba.	napo.
Shibé	ta.	motoba.	napo.
Mpovi	//	//	//
Ichogo	itani.	moroba.	//
Mossi (Soudan)	*nou.*	*yôbé.*	*yôpwé.*
Famille Fiotte. Okota de l'Ouest	otané.	otoba.	napo.
Yalimbongo	taï.	ntôba.	napo.
Oshebo	itano, ta.	motoba, benaï.	napo, tshambo.
Adouma-Awangi	bitano.	samon.	somnbo.
Njavi	binato.	esamouna.	sambo.
Ntéké	bitani.	bisemini.	nzami.
Tsaya	batan.	basemin.	tzam.
Wahouma (Haut-Nil)	*katano.*	*mitkaga.*	*mousanza.*
Okota de l'Est (Ndassa).	mitan.	//	//
Mbamba	betan.	//	//
Mbété	mitanou.	misamounou.	zambwalé.
Bouma (Congo-Kwango).	*tan.*	*dzam.*	//
Loango	tanou.	sambanou.	sambwalé.
Mayombé	tanou.	sambanou.	tsambodia.
Kabinda, Kakongo	*tanou.*	*sambanou.*	*sambwali.*
Bwendé	vitano.	misamba.	sambwari.
Soundi	*tanou.*	*sambanou.*	*tsambodia.*
Congo	*tanou.*	*sambanou.*	*sambwari.*
Angola	*tanou.*	*samanou.*	*sambwat.*
Swahéli (Zanguebar)	*tano.*	*eta.*	*saba.*

TABLEAU COMPARATIF DE 35 DIALECTES DU CONGO FRANÇAIS
ET DE 11 AUTRES LANGUES AFRICAINES. (Suite.)

DÉSIGNATION.	HUIT.	NEUF.	DIX.	SOLEIL.
Akon (Ogôoué)	enàna.	bouka.	djima.	eypo.
Oaka (Ogôoué)	kokou dnjeilla.	monkonyolo.	monkonmokoï.	eymejo.
Obongo (Ngounyé)	misamouno.	nshouma.	mbô-tà.	dyoumbi.
Akoua (Arouhimi)	*kibbô.*	*ollalo.*	*moukko.*	*koupa.*
Benga	ebwa.	ewambe.	womi.	dyoba.
Kombé	ibwa.	ibwa ni boko.	dyoum.	//
Shéké	bitan e bidaz.	bitan e bineï.	dyoum.	vyosa, dyoba.
Akalai (Como)	tané ralé.	tané naya.	tané tané.	dyowa.
Akalai (Ngounyé	bitani na bilali.	bitani na benaï.	dyoum.	dyobo.
Akalai (Ikoï)	betan éné belal.	betan enc benaï.	dyoum.	yôssa.
Akalai (Ofôoué)	bitani na bilali.	bitani na benaï.	dyoum.	biousa.
Dwalla (Kameroun)	*lombi.*	*debwa.*	*dom.*	*voï.*
Fan Bedzi	onwam.	ebwoul.	agoum.	dzo, vié.
Fan Makeï (Osyeba)	owon, oungwami.	owon ne foc.	owon né bé.	viei.
Fout (Nigeria-Kameroun).	*tara.*	*tanyi.*	*ntet.*	*mot.*
Mpongwé	enanaï.	enogomi.	igomi.	oweï.
Oroungou	enanaï, dinana.	enohomi, ipwa.	ihomi, igoum.	onweyi, dsowa.
Adyoumba	eñanaï.	inogomi.	igomi.	//
Nkomi	ananaï.	eno nia.	igoumé.	kombé.
Galoa	//	//	//	nkombé.
Ashira-Ashango	kambo beï.	kambo irèro.	igoum.	dyoumbi.
Okandé-Apingi	enana.	bouka.	djena, nshima.	kombé, omanda
Shibé	enana.	bouka.	djima.	//
Mpovi	//	//	//	akombé.
Ichogo	//	//	//	kombé.
Mossi (Soudan)	*ni.*	*waï.*	*piga.*	*winthoro.*
Okota de l'Ouest	mwambi.	bouka.	nshima.	//
Yalimbongo	mwambi.	mbouka.	djimo.	//
Oshebo	pwombo, enana.	bouka, libwa.	djima, djoumi.	mosa.
Adouma-Awangi	ponmbo.	libwa.	komi.	vadou.
Njavi	pombo.	wa.	goumi.	ditati.
Ntéké	mpamo.	wa.	koumi.	tari.
Tsaya	poamo.	wa.	koum.	mwi.
Wahouma (Haut-Nil)	*mnani.*	*nouvenda.*	*koumi.*	*ousana.*
Okota de l'Est (Ndassa).	//	//	mikoum.	etadi, soundsi.
Mbamba	//	//	koumi.	mwémouyo, nyango.
Mbété	nana.	bwa.	koumi.	ntangou.
Bouma (Congo-Kwango).	*poamo.*	*ouva.*	*koumi.*	*mi.*
Loango	nana li.	wali.	koumili.	ntangou.
Mayombé	nana.	ewa.	koumi.	tangou.
Kabinda, Kakongo	*inana.*	*evwa.*	*ikoumi.*	*ntangou, mwini.*
Bwendé	nana.	vwa.	koumi.	ntangou.
Soundi	*nana.*	*voa.*	*koumi.*	*mwini.*
Congo	*nané.*	*kwa, ewa.*	*okoumi, kougni.*	*toubia.*
Angola	*nak.*	*ivoa.*	*kouini.*	*mwanya.*
Swahéli (Zanguebar)	*nari.*	*konda.*	*koumi.*	*jiwa.*

TABLEAU COMPARATIF DE 35 DIALECTES DU CONGO FRANÇAIS
ET DE 11 AUTRES LANGUES AFRICAINES. (Suite.)

	DÉSIGNATION.	LUNE.	HOMME (HOMO).	HOMME (VIR).	FEMME.	PÈRE.
NÉGRILLES.	Akon (Ogôoué)	//	banoumtou.	//	bayetou.	//
	Oaka (Ogôoué)	//	//	miloumé.	beïto.	//
	Obongo (Ngounyé)	soungi.	//	bagala.	makasho.	//
	Akoua (Arouhimi)	*soungi.*	//	*mokou.*	*kali.*	*ôpa.*
PAHOUINS. FAMILLE BENGA-AKALAI.	Benga	ngondé.	//	momou.	mwadyou.	paya.
	Kombé	//	//	//	//	//
	Shéké (Boulou)	nda.	//	mbadoun.	momadi.	tata.
	Akalai (Como)	ngondié.	//	mondoumou.	memyaré.	tate, siawé.
	Akalai (Ngounyé)	gondé.	//	molomo.	momyadi.	shawen.
	Akalai (Ikoï)	ngonde.	mounto.	melom.	nyendé.	esagnoué.
	Akalai (Ogôoué)	ngondé.	//	nlomi.	myali.	sanga.
	Dwalla (Kameroun)	*ngondé.*	//	*moumé.*	*mouto.*	*até.*
	Fan Bedzi	ngon.	mour.	fam.	mounga.	tara, esa.
	Fan Makel (Osyeba)	//	noum.	fam.	mounoungé.	tara.
	Fout (Nigeria-Kameroun)	*ndson.*	//	*mombana.*	*mounga.*	*ta.*
FAMILLE OKANDÉ.	Mpongwé	ogwéli.	mtou.	onomé.	onwanto.	reré.
	Oroungou	owéré.	//	nounomi.	mwatou.	réra.
	Adyoumba	//	//	//	//	//
	Nkomi	ogwéli.	//	olomé.	winto.	ririo, tuta.
	Galoa	//	//	onomé.	//	//
	Ashira-Ashango	soungi.	//	molomo.	momiadi.	tata.
	Okandé-Apingi	ngondé, odonga.	//	momeïnetou.	mento,watou.	teyta.
	Shibé	//	//	//	//	//
	Mpovi	nshoungi.	//	molomé.	mogéto.	//
	Ichogo	gondé.	//	momogo.	mogeto.	teta.
	Mossi (Soudan)	*tiougou.*	*néba.*	*rawa.*	*parho,pourho.*	*ba.*
FAMILLE FIOTE.	Okota de l'Ouest	usoungi.	//	ibake.	mwatou.	sangwé.
	Yalimbongo	//	//	//	//	//
	Oshebo	nsoungi.	//	ibakellé.	moadyé.	ntata.
	Adouma-Awangi	nsoungi.	//	libolou.	kasou, kasa.	tata.
	Njavi	soungi.	//	momoga.	mogashou.	tato.
	Ntéké	ndzoui.	//	balaga, balaro.	mokas.	tata.
	Tsaya	dzoui.	//	lebalaka.	moukeat.	tata.
	Wahouma (Haut-Nil)	*ounkwezi.*	*mountou.*	//	*mkazi.*	*tata, buba.*
	Okota de l'Est (Ndassa)	ngondsi.	//	ibaka.	mwatou.	tata.
	Mbamba	ugont, ntshou.	//	balera.	okas, okali.	tata.
	Mbété	ngondo.	//	balera.	okasou.	tata.
	Bouma (Congo-Kwango)	*ndzoui.*	//	*balga.*	*mokas.*	*tata.*
	Loango	gondé.	mountou.	bakala, mounga.	kinto.	tata, mpelo.
	Mayombé	ngondé.	//	iyakala.	nketo.	tata.
	Kabinda, Kakongo	*ngonda.*	*mountou.*	*ibakala.*	*mshento.*	*tata.*
	Bwendé	ngonda.	mountou.	//	mikento.	tata.
	Soundi	*ngonda.*	//	*bekala.*	*kento.*	*tata.*
	Congo	*gondé.*	*momtou.*	//	*makaïntou.*	*tata, esse.*
	Angola	*mbésé.*	//	*diyala.*	*mehetou.*	*payotou.*
	Swahéli (Zanguebar)	*mwezi.*	*mtou.*	*moumé.*	*mwana-mké.*	*baba.*

TABLEAU COMPARATIF DE 35 DIALECTES DU CONGO FRANÇAIS ET DE 11 AUTRES LANGUES AFRICAINES. (Suite.)

Famille	DÉSIGNATION.	MÈRE.	ENFANT.	TÊTE.	MAIN.
Négrilles.	Akoa (Ogôoué)	iya.	"	titata.	"
	Oaka (Ogôoué)	"	"	"	kaka.
	Obongo (Ngounyé)	"	"	mourou.	miemba, miembo.
	Akoua (Arouhimi)	*ioyima.*	"	*mo.*	*ekkakanzikka.*
Pahouins. Famille Benga-Akalai.	Benga	nyangam.	ndembe.	emolou.	"
	Kombé	"	"	"	"
	Shéké (Boulou)	iyayé.	mwana.	mote.	moayi.
	Akalai (Como)	nyangnwé.	mya.	langoko.	mbo, yoba.
	Akalai (Ngounyé)	miawen.	wana.	molé.	dikondjou.
	Akalai (Ikoï)	nyangnwé.	nyasadé.	"	"
	Ákalai (Ofôoué)	nyanga.	myasali.	langok.	"
	Dwalla (Kameroun)	*nyongo.*	*mouna.*	*mouropo.*	*mbousa-ma.*
	Fan Bedzi	nané, ngnia.	mone, mourh.	nlo, nlou.	wo, akhoul wo.
	Fan Makeï (Osyeba)	nané.	mong.	lôna.	mô, aklouwa.
	Fout (Nigeria-Kameroun).	*na.*	*mamo.*	*nto.*	*ngikuak.*
Famille Okandé.	Mpongwé	ngiami.	onwa.	ewonsho.	"
	Oroungou	ngié, ngwé.	mwango.	ebondsou.	mbisa, ngoumahoho,
	Adyoumba	"	"	"	"
	Nkomi	ngwé.	wana.	ounéjiou.	ago.
	Galoa	"	"	ewronjo.	"
	Ashira-Ashango	ngouya.	mwana.	morou.	dikako.
	Okandé-Apingi	iya.	monanki.	modjoué.	misabi.
	Shibé	"	"	"	"
	Mpovi	ngiya.	"	mosho.	mizavi.
	Ichogo	mobota.	mwana.	moshé.	dikaka.
	Mossi (Soudan)	*ma.*	*bilifou.*	*zougou.*	*nougou.*
Famille Fiote.	Okota de l'Ouest	mokiami.	nkenyengé.	molou.	"
	Yalimbongo	"	"	"	"
	Oshebo	mwangi.	elengié.	morou.	"
	Adouma-Awangi	gou.	"	"	ekoka.
	Njavi	mamo.	"	moushwé.	lekaka.
	Ntéké	mama.	mwana.	motswé.	mbizá kworo.
	Tsaya	mama.	mwana.	motswé.	mbezi kekeï.
	Wahouma (Haut-Nil)	*mana, maou.*	"	*kiganza?*	*kiganza ?*
	Okota do l'Est (Ndassa).	mama.	mwanou.	molou.	ekaka.
	Mbamba	ngoro, ngwa.	mwana, okété.	otwé, motshwé.	"
	Mbété	ngouro.	mwana.	motswé.	yola kworo.
	Bouma (Congo-Kwango).	*mama.*	*mwana.*	*modswé.*	*mbat.*
	Loango	mama.	mwana.	mtou.	koko.
	Mayombé	mama.	mwana.	ntou.	mbouzo kanda.
	Kabinda, Kakongo.	*mama.*	*mwana.*	*mtou.*	*koko.*
	Bwendé	mama.	"	ntou.	moko.
	Soundi	*mama.*	"	*tou.*	*nimakok.*
	Congo	*ningwa, egwanda.*	*mwana.*	"	"
	Angola	*manyetou.*	"	*motwé.*	*loukwako.*
	Swahéli (Zanguebar)	*mama.*	*mtoto.*	*kishwa.*	*mkono.*

TABLEAU COMPARATIF DE 35 DIALECTES DU CONGO FRANÇAIS
ET DE 11 AUTRES LANGUES AFRICAINES. (Suite.)

Groupe	DÉSIGNATION.	CHEF.	MAISON.	VILLAGE.	RIVIÈRE.
Négrilles	Akoa (Ogôoué)........	molombi.	mikoula.	ekoti.	madiba.
Négrilles	Oaka (Ogôoué)........	//	dongou.	//	//
Négrilles	Ohongo (Ngounyé).....	//	shoulou.	//	//
Négrilles	*Akoua (Arouhimi)*......	//	*indou.*	//	*afi.*
Famille Benga-Akalai	Benga...............	ekenke.	ndabi.	mboka.	mwobi.
Famille Benga-Akalai	Kombé...............	//	//	//	//
Famille Benga-Akalai	Shéké (Boulou)........	ibodsh, ntolou.	to, tongo.	diadi.	nlobou.
Famille Benga-Akalai	Akalai (Como)........	aboto.	anoungwé.	akodo.	//
Famille Benga-Akalai	Akalai (Ngounyé).....	oga.	alwen.	//	shoulou.
Famille Benga-Akalai	Akalai (Ikoï).........	koumongou.	alongnwé.	akondo.	môbé, abiala.
Famille Benga-Akalai	Akalai (Ofôoué).......	abot.	alloungné.	mboko.	madiba.
Famille Benga-Akalai	*Dwalla (Kameroun)*....	*mbwan.*	*ndabo.*	*moundi.*	//
Pahouins	Fan Bedzi.............	kouma.	nda, nkola.	dzal.	oshu, nlo.
Pahouins	Fan Makeï (Osyeba)...	kouma.	nda.	dshal.	oshwi, lo.
Pahouins	*Fout (Nigeria-Kameroun)*.	*nkoum.*	*na.*	*ran.*	//
Famille Okandé	Mpongwé.............	oga.	nago.	nkala.	olowi.
Famille Okandé	Oroungou.............	oha, ora.	nago, naro.	nkala.	//
Famille Okandé	Adyoumba............	//	//	//	//
Famille Okandé	Nkomi...............	oga.	nago.	//	mbéné.
Famille Okandé	Galoa...............	oga.	//	//	rembo.
Famille Okandé	Ashira-Ashango.......	madomba.	//	//	rembo.
Famille Okandé	Okandé-Apingi.........	moga.	daka, ndakou.	kala.	boulomébé.
Famille Okandé	Shibé...............	//	//	//	//
Famille Okandé	Mpovi...............	//	//	//	mbéné.
Famille Okandé	Ichogo...............	paï.	aïba.	//	beï.
	Mossi (Soudan)............	*panga.*	*rogo, sokko.*	*tenga, rotto.*	*koulouga.*
Famille Fiotte	Okota de l'Ouest.......	boga.	ndako.	//	nsha.
Famille Fiotte	Yalimbongo...........	//	//	//	//
Famille Fiotte	Oshebo...............	enéni.	ndakou.	//	libanié.
Famille Fiotte	Adouma-Awangi.......	//	jo.	//	dzali, bagni.
Famille Fiotte	Njavi...............	//	nsho.	//	nshali.
Famille Fiotte	Ntéké...............	mpfoumou.	ndso.	bola.	nyari.
Famille Fiotte	Tsaya...............	kok.	ndso.	boula, bela.	//
Famille Fiotte	*Wahouma (Haut-Nil)*...	//	*endjou.*	//	*mgera.*
Famille Fiotte	Okota de l'Est (Ndassa).	koumanbouka.	ndakou.	mboga.	//
Famille Fiotte	Mbamba.............	okotou.	ndsio, nsho.	mporo.	nshalli.
Famille Fiotte	Mbété...............	nkoumou.	sidso.	mporo.	//
Famille Fiotte	*Bouma (Congo-Kwango)*.	*mpfoumou.*	*ndso.*	*mpoko.*	//
Famille Fiotte	Loango...............	mfoumou, ma.	nzo.	bwala.	nlangou.
Famille Fiotte	Mayombé.............	.pfoumou.	ndzo.	mbanza.	//
Famille Fiotte	*Kabinda, Kakongo*.....	*foumozi.*	nzo.	*bwala, nzi.*	*nzali.*
Famille Fiotte	Bwendé.............	//	manzou.	//	*njali.*
Famille Fiotte	*Soundi*...............	*pfoumou.*	*nzo.*	*bwala.*	//
Famille Fiotte	*Congo*...............	*mani, mafouka.*	*shimbek.*	//	//
Famille Fiotte	*Angola*...............	*soba.*	*inso.*	*dibata.*	//
Famille Fiotte	*Swahéli (Zanguebar)*...	*bana, bwana.*	*nyoumba.*	//	*mtoni.*

TABLEAU COMPARATIF DE 35 DIALECTES DU CONGO FRANÇAIS
ET DE 11 AUTRES LANGUES AFRICAINES. (Suite.)

Groupe	DÉSIGNATION.	EAU.	FEU.	ARBRE.	CHIEN.	POULE.
NÉGRILLES.	Akoa (Ogôoué)........	madiba.	esako.	//	//	//
	Oaka (Ogôoué)........	mandiba.	isako.	kananya.	bwandé.	kouba.
	Obongo (Ngounyé).....	man-ba.	rouni.	//	bwendi.	//
	Akoua (Arouhimi)......	*libo.*	*mosa.*	*mi.*	*ibou.*	*indoumbi.*
PAROUINS. FAMILLE BENGA-AKALAI.	Benga................	miba.	weya.	//	//	gouba.
	Kombé...............	//	//	//	//	//
	Shéké (Boulou).......	medouhou.	wyono, byono.	yetsé.	mbwé.	ngouba.
	Akalai (Como)........	madiba.	eya.	yéré.	mbia.	//
	Akalai (Ngounyé).....	madiba.	yedyo.	//	//	kouba.
	Akalai (Ikoï).........	madiba.	yedya.	byélé.	//	kouba.
	Akalai (Ofôoué).......	madiba.	weya.	//	//	kouba.
	Dwalla (Kameroun)....	*madeba.*	*veya.*	*ebongo.*	*mbo.*	//
	Fan Bedzi	medzim.	ndwa.	éli.	mvou.	kou.
	Fan Makeï (Osyeba)...	madzimé.	ndwa.	ili.	mvou.	kou.
	Fout (Nigeria-Kameroun).	*ményi.*	*diou.*	*keti.*	*ngbé.*	//
FAMILLE OKANDÉ.	Mpongwé.............	aningo.	ogoni.	erere.	mbwoa.	ndyogoni.
	Oroungou............	aningo.	ohoni.	erere.	mbwa.	//
	Adyoumba...........	//	//	//	//	//
	Nkomi...............	aningo.	ogoni.	//	mbwa.	njogoni.
	Galoa...............	//	//	eréré.	//	//
	Ashira-Ashango.......	mamba.	rôbi.	//	bwendi.	makoko.
	Okandé-Apingi........	mangi, imangou.	bibou, ibo.	eteïteï.	mfa.	sousou.
	Shibé...............	//	//	//	//	//
	Mpovi..............	mamba.	iko.	//	//	shozo.
	Ichogo..............	meba.	shoto.	//	//	nshosho.
	Mossi (Soudan)............	*kôm, kwomé.*	*bougou.*	*tiga.*	*baga.*	*noraougo.*
FAMILLE FIOTTE.	Okota de l'Ouest......	madivs.	diyou.	//	//	sousou.
	Yalimbongo..........	//	//	//	//	//
	Oshebo...............	mango.	moya.	//	//	sousou.
	Adouma-Awangi......	mamba.	mbao.	mouti.	mboandi.	kouba, dsoudsou
	Njavi...............	mamba.	//	//	//	makoko.
	Ntéké...............	masa.	mba.	moti.	mpfa.	//
	Tsaya...............	madsa.	mba.	moti.	mpfwa.	//
	Wahouma (Haut-Nil)...	*midjezi.*	*mouro.*	*viti.*	*mbwa.*	*ngoko.*
	Okota de l'Est (Ndassa).	mangou.	mounyo.	mwéli.	mbwandi.	//
	Mbamba.............	andsa.	mba.	ote.	mboa.	sousou.
	Mbété..............	andsa.	mba.	ote.	mboa.	//
	Bouma (Congo-Kwango).	*madsa.*	*mbaa.*	*mote.*	*mfa.*	//
	Loango..............	mazia, nlangou.	mbazou.	mti.	boeyé.	nsousou.
	Mayombé............	maria, nlangou.	mbazou.	nti.	mboa.	//
	Kabinda, Kakongo.....	*mazi, miangwa.*	*mbazou.*	*mti.*	*mbwa.*	*nsousou.*
	Bwendé.............	maza.	tia.	moutti.	mbwa.	nsousou.
	Soundi.............	*maza, nlangou.*	*mbazou.*	*nti.*	*mboa.*	//
	Congo..............	*maza.*	*touya.*	//	//	//
	Angola.............	*menya.*	*touya.*	*mouds.*	*imboa.*	//
	Swahéli (Zanguebar)...	*maji.*	*moto.*	*mti.*	*mbwa.*	*koukou.*

TABLEAU COMPARATIF DE 35 DIALECTES DU CONGO FRANÇAIS ET DE 11 AUTRES LANGUES AFRICAINES. (Suite.)

Famille	DÉSIGNATION.	MOUTON.	CHÈVRE.	BON.	MAUVAIS.
Négrilles.	Akoa (Ogôoué)	//	embodi.	moshoba.	//
	Oaka (Ogôoué)	//	bodi.	//	//
	Obongo (Ngounyé)	//	etava.	//	//
	Akoua (Arouhimi)	//	samanga.	//	//
Pahouis. Famille Benga-Akalai.	Benga	//	mboni.	moyam.	momobi.
	Kombé	//	//	//	//
	Shéké (Boulou)	idombé.	etaba, itabo.	yaemba.	yae-mbé.
	Akalai (Como)	dombé.	ampotou.	mbéné.	mbé.
	Akalai (Ngounyé)	//	ambodo.	//	//
	Akalai (Ikoï)	//	ambodo.	mbienbié.	asimbènbèn.
	Akalai (Ofôoué)	//	amboi.	mbeng.	mpé.
	Dwalla (Kameroun)	moulongo mamboli.	mboli.	edori.	esidori.
	Fan Bedzi	ntouma.	kaba.	mvé.	mbi.
	Fan Makeï (Osyeba)	//	kaba.	mfé.	mpé.
	Fout (Nigeria-Kameroun)	ndsoupok.	pok.	arou.	abouwé.
Famille Okandé.	Mpongwé	idombé.	mboni.	mbia, mbienbié.	mbé.
	Oroungou	édombé.	mboni.	mbia.	silombéa.
	Adyoumba	//	//	//	//
	Nkomi	//	mboni	//	//
	Galoa	//	//	mbienbié, mbia.	mbé.
	Ashira-Ashango	//	etava.	//	//
	Okandé-Apingi	//	kaba, taba.	gwanagwé.	epeka.
	Shibé	//	//	//	//
	Mpovi	//	etava.	//	//
	Ichogo	//	etava.	//	//
	Mossi (Soudan)	pesorho.	bouga.	binéré.	twama.
Famille Fiote.	Okota de l'Ouest	//	taba.	bobwé.	mbi.
	Yalimbongo	//	//	//	//
	Oshebo	//	taba.	obwé.	oumbi.
	Adouma-Awangi	//	laba.	//	//
	Njavi	//	tava.	//	//
	Ntéké	lomémé.	ntawa.	ké né.	ké bé.
	Tsaya	lomémé.	kombo.	yimboto.	yimbi.
	Wahouma (Haut-Nil)	//	mbouzi.	//	//
	Okota de l'Est (Ndassa)	ngombé.	taba.	bwa-bwé.	//
	Mbamba	//	ntawa.	obwé, ké-boto.	oumbi, ké-bé.
	Mbété	lemémé.	ntawa.	boubwé.	gé-bé.
	Bouma (Congo-Kwango)	lémémé.	ntaba.	epfè.	mbé, èbé.
	Loango	mémé.	nkombo.	mboté.	mbi, boubalou.
	Mayombé	dimémé.	kombo.	yimboté.	yimbi.
	Kabinda, Kakongo	mémé.	nkombo.	boté.	dæi bi.
	Bwendé	mémé.	kombo.	//	//
	Soundi	mémé.	nkombo.	tomané, moté.	foubiabi.
	Congo	//	//	mboté.	mouini.
	Angola	mboudi yamet.	hombo.	kea-waba.	kea-yiba.
	Swahéli (Zanguebar)	kondwé.	mbouzi.	//	mkali.

TABLEAU COMPARATIF DE 35 DIALECTES DU CONGO FRANÇAIS
ET DE 11 AUTRES LANGUES AFRICAINES. (Fin.)

	DÉSIGNATION.	GRAND.	PETIT.	BLANC.	NOIR.
Négrilles.	Akoa (Ogôoué)........	aboto.	//	//	botota.
	Oaka (Ogôoué)........	//	//	//	//
	Obongo (Ngounyé)....	//	//	//	//
	Akoua (Arouhimi).....	//	//	//	//
Famille Benga-Akalai.	Benga.............	momou.	ndembé.	yapoumi.	onombé.
	Kombé.............	//	//	//	//
	Shéké (Boulou).......	e néni.	e shike.	ipoupo.	iv ndo.
	Akalai (Como)........	be néné.	bi sadé.	bo poumou.	bi yint.
	Akalai (Ngounyé).....	//	//	//	//
	Akalai (Ikoï).........	ména.	sisabyé.	//	//
	Akalai (Ofôoué).......	anéné.	issalyé.	epoumi.	ivinsh.
	Dwalla (Kameroun)....	*yendéné, ekouro.*	*osalo.*	*imasanga.*	*mwinda.*
Pahouins.	Fan Bedzi.............	nen, nden.	ntork.	mfoum.	shour, evin.
	Fan Makeï (Osyeba)...	anéni.	ebirrabiarré.	fou.	//
	Fout (Nigeria-Kameroun).	*atou, ketou.*	*enyetsak, tsak.*	*kapoup, kepoumo.*	*kafin, kéfiné.*
Famille Okandé.	Mpongwé.............	mpolo.	gnango.	poupou.	biobio.
	Oroungou.............	mpolo, bou néné.	niango, bi kéré.	kélé.	mpiri, nombé.
	Adyoumba............	//	//	//	//
	Nkomi...............	mpolo.	//	//	//
	Galoa...............	mpolou.	//	poupou.	//
	Ashira-Ashango.......	//	//	//	//
	Okandé-Apingi........	gebolo.	idyélélé.	epoumapoum.	ilélo.
	Shibé...............	//	//	//	//
	Mpovi..............	//	//	//	//
	Ichogo..............	//	//	//	//
	Mossi (Soudan)............	*wokko.*	*koïna.*	*pela.*	*sabalaga.*
Famille Fiote.	Okota de l'Ouest.......	gebolo.	etshinini.	epoumapoum.	ebindabinda.
	Yalimbongo...........	//	//	//	//
	Oshebo..............	monéné.	idshibo.	poupoupou.	pio.
	Adouma-Awangi.......	//	//	//	//
	Njavi...............	//	//	//	//
	Ntéké.............	néné.	kikéré.	fora.	pina.
	Tsaya	monini.	mokio.	o fouogo.	mo pini.
	Wahouma (Haut-Nil)...	//	//	//	//
	Okota de l'Est (Ndassa).	bwa-néni.	bwa té.	pfou.	bwa yindi.
	Mbamba.............	okotou, wo-néné.	onkété, kékiéré.	mhembé, kébé.	pio pio, ke pio.
	Mbété..............	bou-néné.	okiéré.	apfoura.	apina.
	Bouma (Congo-Kwango).	*gé-néné, ma-néné.*	*ekiaré, ekiag.*	*ntounou.*	*mo-pini.*
	Loango.............	néné.	tshitshié, ilesé.	mpé-mpé.	ndombé.
	Mayombé............	inéné.	idso, ikéké.	kembé.	oundwambé.
	Kabinda, Kakongo.....	*dsi néné.*	*dsi dso.*	*dsa mpemba.*	*dsi nombé.*
	Bwendé.............	//	//	//	//
	Soundi.............	*néné.*	*kéké.*	*ndoundou.*	*ndombé.*
	Conga...............	*ampwina.*	*akkété.*	//	//
	Angola..............	*ksonone.*	*ksodsak.*	*ksa-sela.*	*ksa-sikélé.*
	Swahéli (Zanguebar)...	*koubé.*	//	//	//

M
Les
Dressé par le

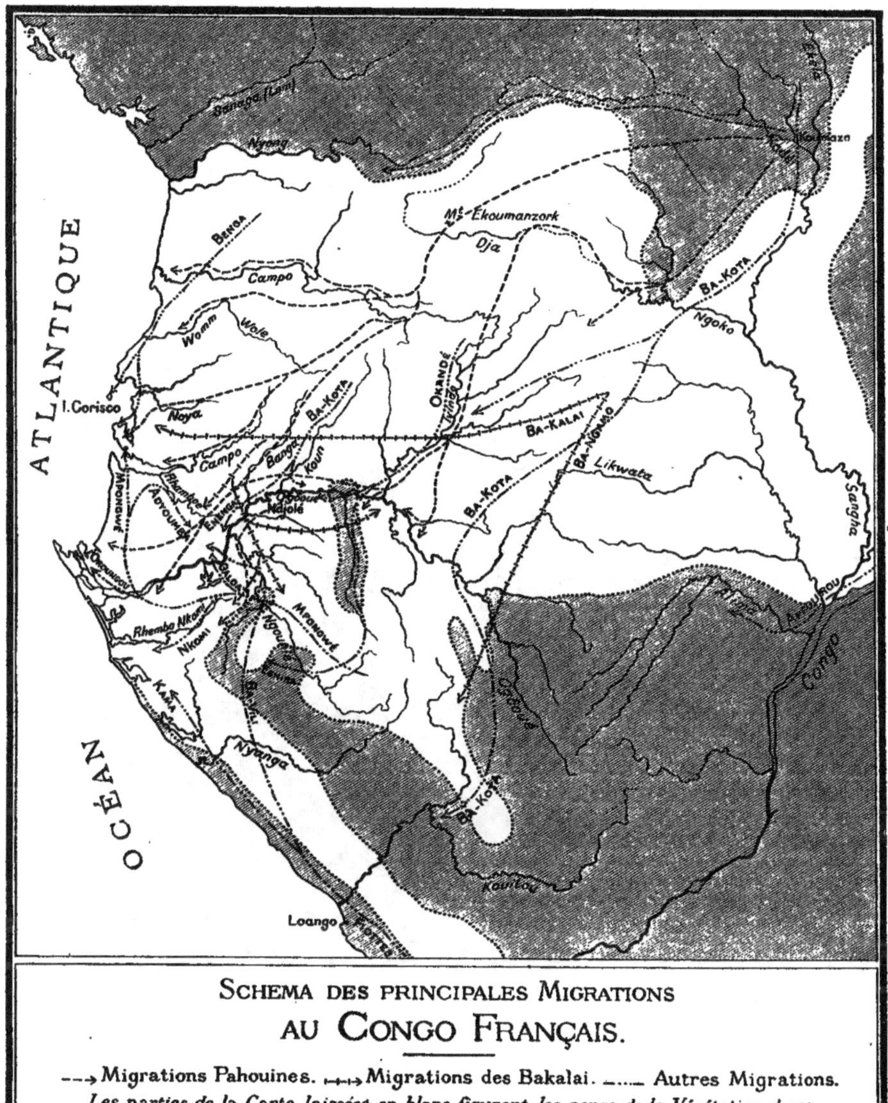

SCHEMA DES PRINCIPALES MIGRATIONS
AU CONGO FRANÇAIS.

→ Migrations Pahouines. ┤┤→ Migrations des Bakalai. ‥‥ Autres Migrations.

Les parties de la Carte laissées en blanc figurent les zones de la Végétation dense.

·ECHELLE

0   5   10   20   30   40   50 Kil.

Dressé par le Lieut. Avelot.   *Ch. Emonts, del.*

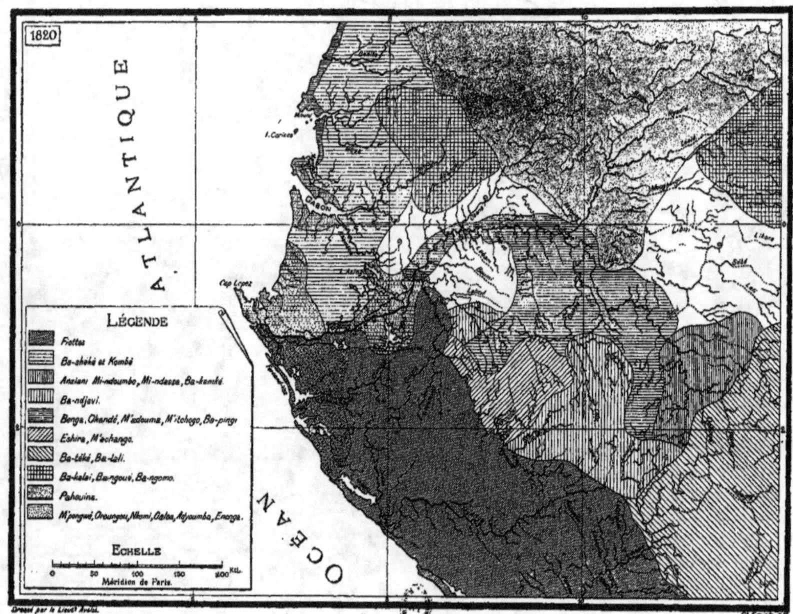

Dressé par le Lieut. Avelot.   Ch. Simonin, del.

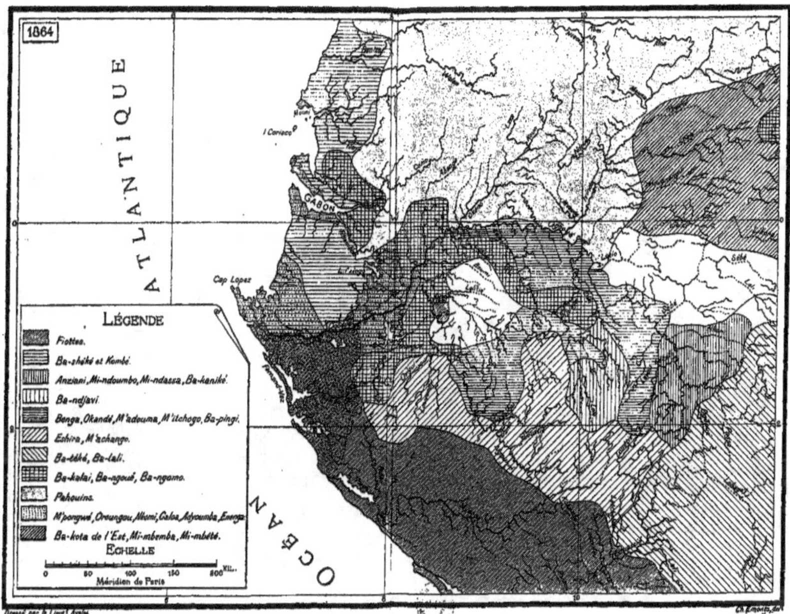
1864
ATLANTIQUE
OCÉAN
GABON
I Corisco
Cap Lopez
LÉGENDE
Fiottes.
Ba-shéké et Kombé.
Anziani, Mi-ndoumbo, Mi-ndassa, Ba-kaniké.
Ba-ndjavi
Benga, Okandé, M'adouma, M'itchogo, Ba-pingi.
Eshira, M'schango.
Ba-téké, Ba-lali.
Ba-kalai, Ba-ngoué, Ba-ngomo.
Pahouins.
M'pongwé, Oroungou, Nkomi, Galoa, Adyoumba, Enenga.
Ba-kota de l'Est, Mi-mbemba, Mi-mbété.
ECHELLE
0   50   100   150   200 Kil.
Méridien de Paris
Dressé par le Lieut Avelot
Ch. Emonts, del

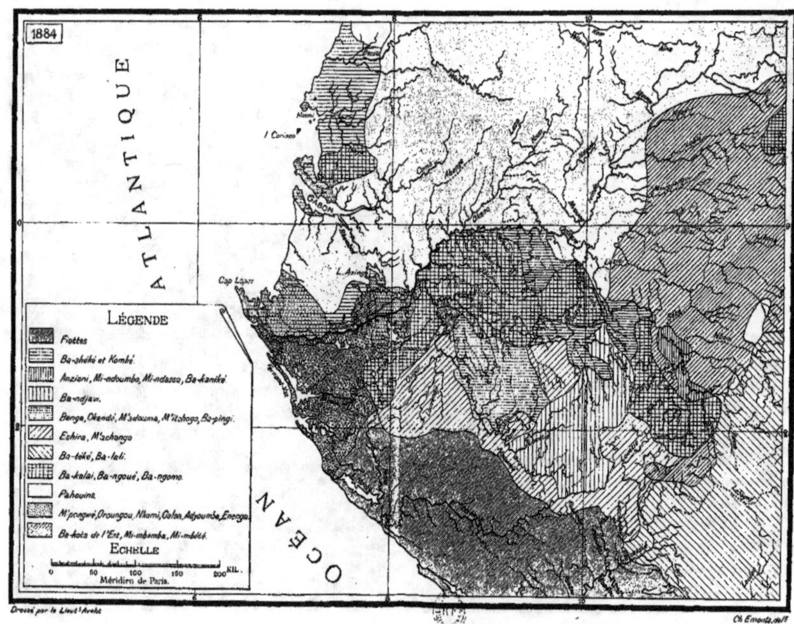
1884
ATLANTIQUE
OCÉAN
I Corisco
GABON
Cap Lopez
L. Azingo
LÉGENDE
Fiottes
Ba-shéké et Kombé.
Anziani, Mi-ndoumbo, Mi-ndasso, Ba-kaniké.
Ba-ndjaw.
Benga, Okandé, M'adouma, M'itshogo, Ba-pingi.
Eshira, M'achango
Ba-téké, Ba-lali.
Ba-kalai, Ba-ngoué, Ba-ngomo.
Pahouins.
M'pongwé, Oroungou, Nkomi, Galoa, Adyoumba, Enenga.
Ba-kota de l'Est, Mi-mbamba, Mi-mbété.
ECHELLE
0   50   100   150   200 KIL.
Méridien de Paris.
Dressé par le Lieut.t Avelot
Ch Emonts, del.t

1904

OCÉAN ATLANTIQUE

I. Corisco
Mouni
GABON
Cap Lopez
DÉSERT
DÉSERT
DÉSERT

LÉGENDE
Fiottes.
Ba-shéké et Kombé.
Ba-ndjavi.
Bonga, Okandé, M'adouma, M'itchogo, Ba-pungi.
Eshira, M'achango.
Ba-téké, Ba-lali.
Ba-kalai, Ba-ngoué, Ba-ngomo
Pahouins.
M'pongwé, Oroungou, Nkomi, Galoa, Adyoumba, Enenga.
Ba-kota de l'Est, Mi-mbamba, Mi-mbété.

ECHELLE
0   50   100   150   200 kil.
Méridien de Paris

Dressé par le Lieut¹ Avelot.
Ch. Emonts, del¹